嶽麓書院 国学文库
主编◎朱汉民

清代科举图鉴

Qingdai Keju Tujian

李 兵 袁建辉◎著

CNS PUBLISHING & MEDIA
岳麓書社·长沙

本书获得岳麓书院国学研究与传播中心课题出版资助

岳麓书院国学研究与传播中心工作指导委员会

“岳麓书院国学文库”总序

朱汉民

“岳麓书院国学文库”即将陆续出版。借为这个文库作《总序》的机会，我想讨论一下这样几个问题：现代世界已经发生了惊人的变化，传统国学还有什么意义呢？“国学”是一门独立的学科吗？国学与岳麓书院有什么密切的联系？

（一）国学的意义

我认为，对现代中国和世界而言，国学至少有四个层面的重要意义。

第一，国学能够为现代人的个体精神需求提供思想营养。中国正面临社会的急剧变革，每个人的命运正在发生很大的变化，每个人的行动也有更多的选择自由，但是，能够给我们驾驭命运的精神方向、作出行动选择的人生智慧却严重不足。现代中国人往往会感到是非的迷茫、得失的困扰，同时引发对生命意义的追问。社会底层民众是这样，那些成功人士也是如此。儒家、道家、佛家的经典，诸子百家的思想，对人生意义的选择，包括是非的迷惘、毁誉的困扰、得失的彷徨，以及对人生终极价值的选择，都能够提供很多很好的思想营养。今天很多人思考的问题，其实古代先贤都思考过，而且有非常好的解决办法。我们回头去看经典，原来我们的老祖宗已经有很好的思考了。

第二，国学能够满足当代社会建立和谐社会的需求，并提供重要的文化资源。在中国的现代化转型过程中，我们正面临着种种社会问题和思想危机。我们常常感到人与人之间越来越缺乏信任，我们不相信超市里买来的食品是否安全，我们怀疑来自陌生人的帮助是否藏着恶意，我们甚至还在讨论见到老人摔倒该不该扶起，还有许多人损人利己的做法，已经到了完全不能容忍的地步。诚信危机、道德危机成为我们建立和谐社会的大敌。大家都在想，怎么来制止相关恶劣事件的发生，怎么来建立一个有诚信、有道德的和谐社会。中国传统国学，对于如何建立有诚信、有道德的和谐社会，有着一系列重要的思想，中国传统的仁爱思想、忠恕之道，仍然可以成为建构现代和谐社会的价值理念，“己所不欲，勿施于人”，仍然是我们建立有诚信、有道德的和谐社会的金科玉律。

第三，国学能够为当代中华文明的崛起提供重要的支撑力量。当前的“国学热”其实和中华文明的崛起有着密切关系。中国崛起与中华文明崛起不是一个概念。中国崛起是指一个独立的中国在政治上、经济上的强大，而中华文明崛起则是强调一种延续了五千年的文明体系在经历了近代化、全球化的“浴火”之后，重新成为一个有着强大生命力的文明体系。在世界文明史上，中华文明是唯一历经五千年而没有中断的原生形态的古文明，并且一直保持其强大的生命力，位居世界文明的前列。但是，中国近代史是一部中国被瓜分、侵略的历史，在这个历史过程中，中国人开始失去文明的自信。其实，近代中国学习、吸收西方先进文明是非常正确的，但是我们必须坚持中华文明的主体性，采取对自我文化的虚无态度是非常不应该的。我们必须有一种文明的自我意识，我们要认识到，现代化中国的崛起，离不开中华民族文化精神的崛起。我们活下来并且能够昂首挺胸的不仅仅是我们的身体，首先应该是我们高贵的精神和灵魂！那么，我们高贵的精神和我们的灵魂是如何形成的呢，其实，就是国学熔铸了我们的精神和灵魂。正是从这个意义上说，国学能够为当代中华文明的崛起提供重要的支撑力量。

第四，国学能够为21世纪新的人类文明建构做出重要的贡献。我一直认为，中国国学里面所包含的许多价值观念，比方说仁爱、中和、大同，不仅仅对中华民族具有重要的意义，同时，它们一定能够成为具有全球性的、普遍意义的价值观念，能够弥补某种单一文明主导的价值观念的缺失。西方文明一直在坚持他们倡导的许多核心价值。其实，中华文化近代化的过程，就是一个接受这种西方价值的过程。但是，许多中国人在此过程中，却忽略或者忘记了中华文明中的价值理念。特别是在整个20世纪的文明史上，以西方为主导的现代文明已经暴露出越来越多的弊端。21世纪建构的人类文明，一定是一种多元一体的文明，而延续五千年没有中断的中华文明，一定会对21世纪的人类文明建构做出自己的贡献。

（二）国学是一门独立的学科

尽管国学如此重要，但对国学是否可以成为一个独立学科，学界内部还存在着不少疑虑与分歧。人们首先会问，国学的确切定义是什么？其实，“国学”有非常明确的内涵和外延。首先，“国学”的“国”应该是指中国，这个很明确。其次，这个“学”就是指传统学术，即中国传统的知识体系与价值体系，这种知识体系与价值体系总是要通过文字、典籍的形式固定和保存下来。中国古代文献典籍有经、史、子、集，所以今天人们所说的国学往往也分为经、史、子、集。

人们又会进一步追问：国学的知识构架和学理依据是什么？当然，国学之所以可以成为一个独立学科，必须要有两个重要条件：其一是国学学科体系的内在条件，即国学体系的知识构架和学理依据；其二是国学的外在条件，即国学能否具有现代学术视野而能得到普遍承认并开展广泛的或全球化的学术交流。

国学这门学科，之所以在学界还有不少疑虑与分歧，与它在当代中国学术体制内的处境有关。现在大学院系的分科，基本上是近代引进西学而建立起来，分为理学、工学、文学、历史、哲学、艺术、宗教、政治学、教育学等等。尽管近些年各个大学纷纷创建了国学院，但是国学在当代中国的学术体制内并无合法性的身份。这样，我们延续几千年的中国传统国学，在这种学科体制下只能变成其他学科的材料。比如国学中最重要的经学，在现代大学的学科中就没有合法的独立地位，我们不能独立地研究、学习经学，只能够将其分别切割到文学、历史学、哲学、政治学、法学、宗教学、教育学的不同学科。这样，国学中的经、史、子、集的不同门类知识，全部被分解到了文学、历史、哲学、艺术、宗教、政治学、教育学的不同学科视野里面，变成其他不同学科的材料。

近代引进的文学、历史、哲学、艺术、宗教、政治学、教育学的不同学科，对于拓展我们对中国传统学术的研究视野，确实有它的长处，但也有其短处。中国传统学术是一个有着密切联系的有机整体，其知识体系和价值体系有着内在联系。当我们用各门现代学科把传统国学分割之后，就有可能失去原来知识体系的联系和特点。每一种知识体系或学科框架，实际上是我们人类把握世界的一种具有主观性因素的图式。不同文明有不同的把握世界的图式，西方知识学有它自己的长处，中国传统知识体系也有自己的长处，譬如中国的知识传统具有整体性、实践性、辨证性的特点，以此成就了中华文明的世界性贡献。正因为如此，研究中国传统学术，应该保持对其原文化生态的、有机整体的学问特点的思考。国学作为这样一种原文化生态的、有机整体的学问特点，有它存在的必要性和合理性。

其实，在讲到中国“国学”合法性的时候，我们还可以暂且借用西方大学的“古典学”的概念。在西方世界许多大学都设立了古典学系。这个古典学研究什么呢？它最初是以古希腊、罗马的文献为依据，研究那个时期的历史、哲学、文学等等。古典学的特点是注重将古希腊、罗马文明作为一个整体来研究，而不是分别研究古希腊、罗马时期的历史、哲学、文学。在西方，古典学一直是一门单独的学科。我们认为，“国学”其实也可以说是“中国古典学”。如果我们用“中国古典学”来说明中国“国学”，可以提供“国学”作为一门独立学科的上述两个条件。一方面，在几千年的漫长历史中中国形成了建立自己特有的具有典范意义的文明体系。建立“中国古典学”，也就是以中国古人留下的历史文献为依据，将中华文明作为一个整体来研究。由于“中国古典学”是以中国传统学术体系为学科基础，这是一门从学术范式到知识构架、学理依据均不同于现有的文学、历史、哲学学科的独立学科，这是“中国古典学”得以确立的内在条件。另一方面，由于“国学”概念仅仅能够为中国人自己使用，西方人则只能使用“汉学”概念，以“中国古典学”来定义原来的国学，“国学”具有了知识共享、学术交流的现代学科的要求，并能兼容国学、汉学，为中外学者所通用，这是国学能够具有现代学术视野并能开展国际学术交流的外在条件。

（三）国学与岳麓书院

书院是一种由古代儒家士大夫创办并主持的学术教育机构，它形成了一套独具特色的组织制度、基本规制、讲学形式，对中国传统学术文化的发展做出了不可磨灭的历史贡献。书院继承、发扬了中国优秀的教育传统，表现出儒家士大夫那种追求独立的学术思考、人格自由的精神。书院将中国传统教育和传统学术发展到一个高级阶段，从而促进了中国文化的蓬勃发展，宋元明清学术文化思潮迭起，无不与书院这种独特学术教育机构有着密不可分的内在联系。

岳麓书院是中国书院的杰出代表，在中国教育史、中国学术史上居有十分重要的地位，因其有着悠久的办学历史和卓著的学术成就，受到古今人们的普遍敬仰。继先秦诸子等学术思潮之后，两宋时期兴起了理学思潮。理学以复兴先秦儒学为旗帜，要求重新解释儒家经典，力图使儒家文化在新的历史时期得以振兴；同时，它又吸收、综合了佛、道两家的学说，将儒学发展为一种具有高深哲理的思想体系。岳麓书院创建于宋代，很快成为新兴理学思潮的大本营，学术界一大批有影响的著名理学家纷纷讲学于此。南宋乾道年间，被称为“东南三贤”的张栻主持岳麓书院讲席，在此聚集了一大批理学之士，并且形成了当时学界很有影响的湖湘学派。同时，后来被称作“致广大，尽精微，综罗百代”的著名理学家朱熹两次在岳麓书院讲学传道，更是形成了学术鼎盛的历史局面。岳麓书院成为宋代学术文化史最著名的四大理学基地之一。以后，许多著名理学家纷纷来此讲学。南宋后期，著名理学家真德秀、魏了翁讲学岳麓书院；明代中叶以后，理学思潮中的心学一派王阳明及其弟子王乔龄、张元汴、季本、邹元标等亦纷纷来岳麓书院讲学，使岳麓书院因新兴的心学思潮再度发挥极其重要的学术大本营的作用。明清以来，中国学术文化又发生重大变革，先后出现清代理学、乾嘉汉学、今文经学等不同的学术思潮，而岳麓书院一直是不同时期内学术思潮的重镇，从而推动着中国传统学术的创新发展，继续在中国学术领域发挥重要的作用。可见，岳麓书院在一千多年的办学过程中，一直是中国传统国学的重镇。宋以后的各种学术思潮、学术流派均以它为学术基地，如宋代理学派、事功学派，明代心学派、东林学派，清代乾嘉学派、今文学派等等，许多学术大师如朱熹、张栻、陈傅良、王阳明、王文清、王先谦、皮锡瑞等在这里传道授业，培养了一代代国学领域的著名学者。

光绪二十七年（1901），清政府下诏全国各地改书院为学堂，岳麓书院也于1903年改为湖南高等学堂，后来又改为湖南高等师范学堂、湖南大学。但岳麓书院遗址在战乱年代，一度受到严重损害。从20世纪80年代开始，湖南大学全面修复岳麓书院，经过二十年的努力，岳麓书院古建全面修复，基本上恢复了历史上办学最盛时期的建筑规制。与此同时，我们启动了岳麓书院国学研究、教育的复兴工程。近二十多年来，岳麓书院培养、引进了一批国学研究的学者，逐步获得学士、硕士、博士学位点及博士后流动站。岳麓书院学术、教育功能的恢复，是建立在现代高等教育体制及学科建设基础之上的。今天的岳麓书院已经成为国学复兴的重镇。岳麓书院的明伦堂仍是讲授国学的讲堂；朱熹、张栻“会讲”的讲堂仍在举办国学论坛，斋舍也仍然是学者从事国学研究的场所。古代学术传统内核的经学、理学、诸子学、史学及其相关的知识学问，均成为岳麓书院的主要学习内容和重要研究方向。国学是在中国传统文化生态中逐渐形成的一种学术文化类型，作为一种具有民族主体性的学术文化，国学确实不同于西学，因为它有不同于西学的文化土壤与生态环境。从这个意义上说，国学与书院有着共生的独特文化背景。

我们有一种传承中华学脉的强烈愿望，希望推动岳麓书院学术的现代复兴。岳麓书院的现代复兴，是在中华民族伟大复兴的背景下发生的一个重要文化教育现象。我们相信，在中华民族伟大复兴之际，我们完全可以做好书院文化传统的转换、创新工作。所以，我们编辑、出版“岳麓书院国学文库”，也是与传统国学的当代复兴有着密切关联的。我们希望有更多的书院、学者加入到这个行列来，盼望国学界的研究者能够不断赐稿，共同推动当代国学的繁荣！

甲午年于岳麓书院文昌阁

目录

五、会试……099

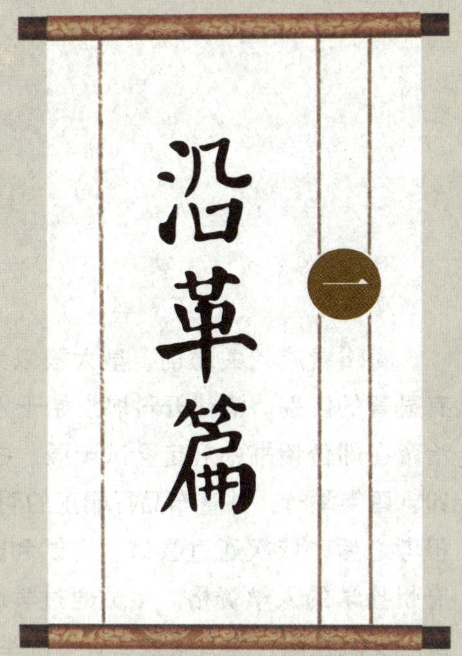

一 沿革篇

满州贵族入关之前，皇太极以考试选才，但与明代科举程式有显著的区别。清代开科取士始于入关后的顺治元年（1644），顺治帝在即位诏书中规定会试于辰、戌、丑、未年，乡试于子、午、卯、酉年举行，并宣布品行端正的明朝举人有资格参加会试。士子报考之后，依次通过县试、府试和院试，合格者称生员，即取得府州县学的入学资格。生员通过学政主持的科试，有资格参加乡试。乡试在南、北直隶及直省贡院举行，分三场进行，八月初九日为第一场，十二日第二场，十五日第三场，乡试中式者为举人，举人有资格参加会试。会试在顺天贡院举行。顺治二年（1645），定二月会试。次年，改为三月会试，初九日第一场，十二日第二场，十五日第三场。会试中式者称贡士，贡士有资格参加皇帝主考的殿试。顺治三年（1646），三月十五日殿试。会试改三月后，殿试日期亦相应延迟至四月二十六日，五月初一日传胪。乾隆二十六年（1761）定为四月二十一日殿试，二十五日传胪。殿试一甲三名，为状元、榜眼、探花，赐进士及第；二甲若干名，第一名称传胪，赐进士出身；三甲若干名，赐同进士出身，一、二、三甲统称进士。新科进士通过朝考者为翰林院庶吉士，三鼎甲与未选为翰林院庶吉士者授官。

清代沿用明制，以八股文取士。顺治初，乡会试第一场试《四书》文三篇，《五经》义四篇；二场试论一篇，题用《孝经》，判五道，诏、诰、表择作一道；三场试经史时务策五道。乾隆五十八年（1793）调整为，第一场为《四书》文三篇、五言八韵诗一首；二场“五经”文各一篇；三场经史时务策五道，此为定例。殿试为对策一篇。

自顺治二年开科，清廷即颁布《钦定科场条例》，并在实践中不断加以完善，在考官考差与钦派、命题、弥封誊录、内帘阅卷、乡会试中额、回避、关防、复试、磨勘等方面都作了严格规定，形成了完善的科举制度。然而，完善的制度并未能消除科举制度本身的缺陷，八股文取士自清初即受到严厉的抨击，取消八股文的呼声也非常强烈。康熙二年（1663），清廷以八股文空疏无用，实于政事无涉，宣布乡会试停用之。七年（1668）恢复旧制，仍用八股文取士。乾隆九年（1744），兵部侍郎舒赫德公开奏请废除科举，但未能付诸实施。光绪二十七年（1901）庚子事变后，慈禧太后实施新政，在宣布恢复经济特科的同时，改革乡会试的考试内容，规定不许用八股文作答，八股文终于走到了历史的尽头。同年七月，宣布停废武举制度。

为发展新式学堂教育，培养实用人才，废除科举被清廷提上了议事日程。光绪二十九年（1903），清廷计划用十年时间渐废科举。然而，光绪三十一年（1905）八月初四日，为挽救岌岌可危的统治地位，清廷被迫同意直隶总督袁世凯等人立停科举的奏请，宣布停废科举。这标志着在中国历史上沿用了一千三百年之久的科举制度的终结。

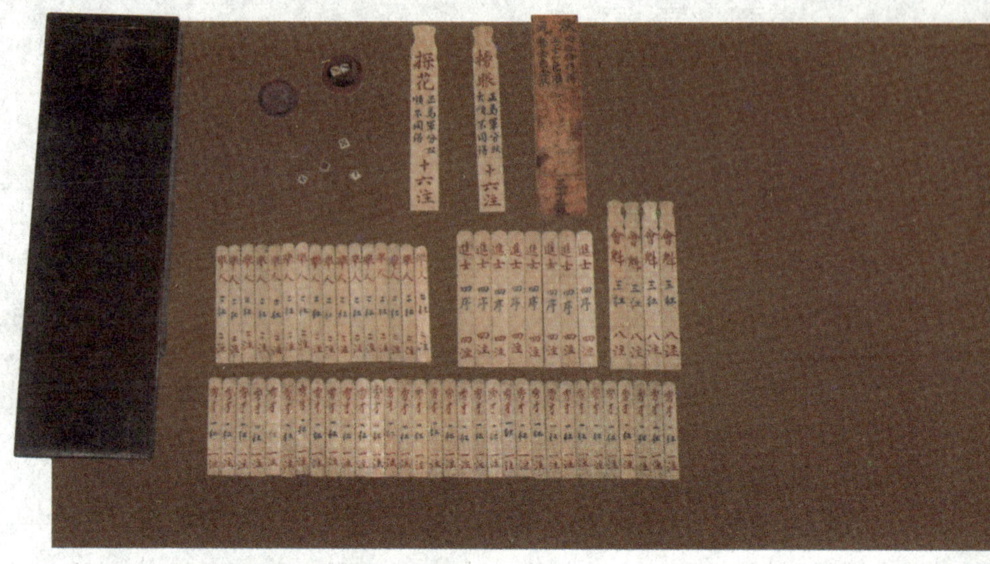

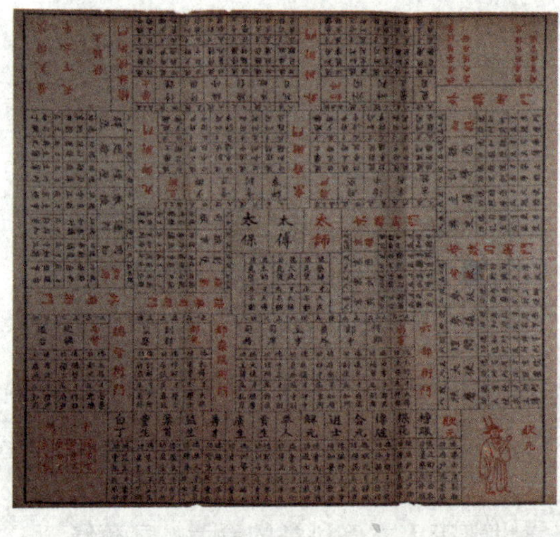

1—1 象牙状元筹

收藏者：上海中国科举博物馆

年　代：清代（1644—1911）

1—2 升官博戏图

收藏者：上海中国科举博物馆

年　代：清代（1644—1911）

士子应试需要依次通过童试考中秀才、乡试考中举人、会试考中贡士和殿试考中进士，才可以实现金榜题名的梦想。此状元筹和升官博戏图非常清楚地把清代科举的程序呈现出来。

此状元筹的材质为象牙。状元筹是一种游戏用具，全副状元筹由63根长短大小不一的筹条组成。每根筹条上刻有从状元到秀才的不同科名和注数，以科名高低定注数，以所掷骰子定得失。最小得1注为秀才，得2注为举人，得4注为进士，得8注为会魁，得16注为榜眼和探花，得32注为状元，共计192注。

升官博戏图是中国古代的一种选格游戏用具，又名骰子选格、骰子格、叶子戏、叶子格、彩选、彩选格、百官铎、选官图等。升官图产生于唐代，明清时期流行。在纸上写满文武职官名衔，编排成图。游戏参加人数不限，依照顺序掷骰子比色，以定进退黜陟，亦有筹码投注，至终局而分胜负、定输赢。

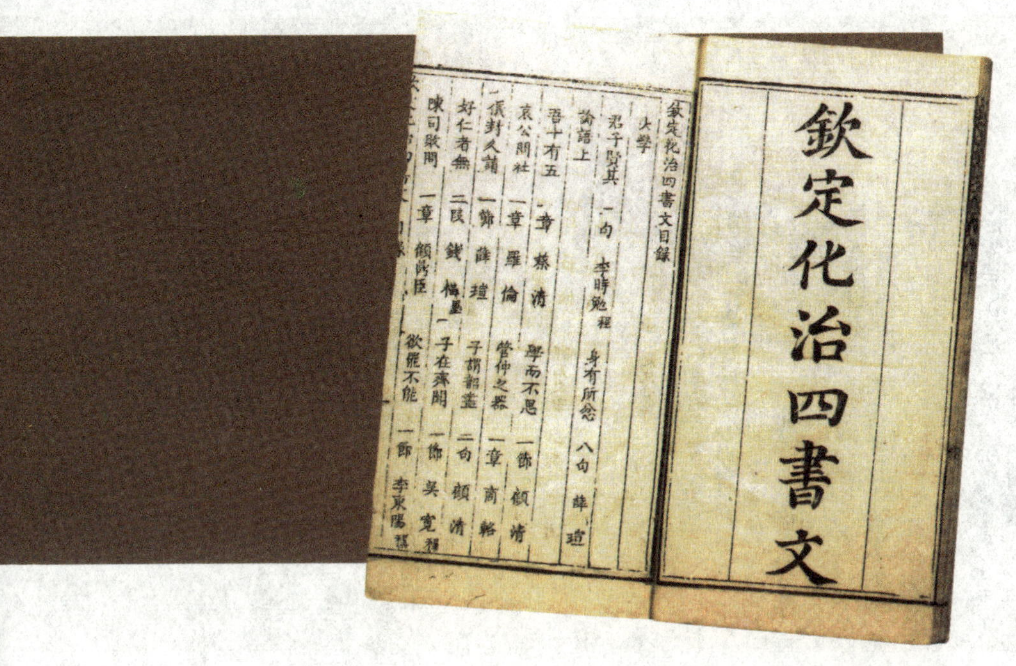

1—3《钦定四书文》

收藏者：南京图书馆

年　代：乾隆五年（1740）

八股文为清代科举考试的主要文体。乾隆元年（1736），皇帝命内阁学士方苞选编《钦定四书文》，全书共四十一卷，分《钦定化治四书文》《钦定正嘉四书文》《钦定隆万四书文》《钦定启祯四书文》和《钦定本朝四书文》，每篇均圈点旁批，指明行文优劣，文后有总评。刊印后颁行各省，意在为天下士子提供官方标准的八股文范文。此为乾隆五年武英殿刻本《钦定四书文》。

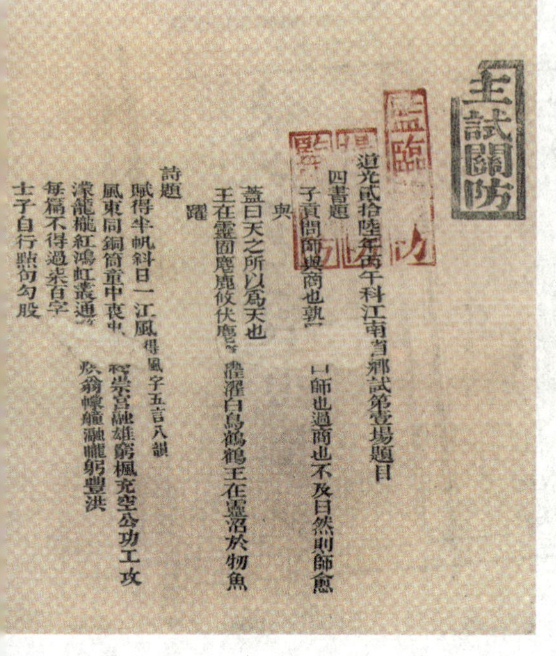

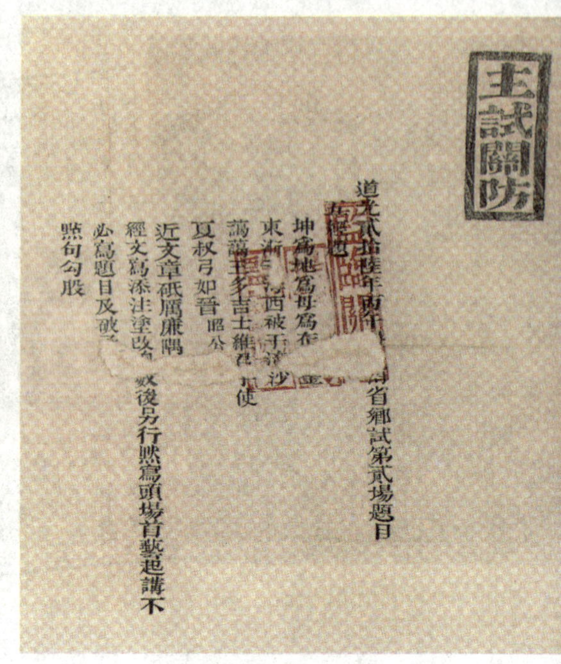

1—4 道光二十六年丙午科江南乡试第一场题目

收藏者：上海中国科举博物馆

年　代：道光二十六年（1846）

1—5 道光二十六年丙午科江南乡试第二场题目

收藏者：上海中国科举博物馆

年　代：道光二十六年（1846）

1—6 道光十七年丁酉科江南乡试第三场题目

收藏者：上海中国科举博物馆

年　代：道光十七年（1837）

自乾隆五十八年（1793）起，乡试、会试考试内容规定为，第一场试《四书》文三篇、五言八韵诗一首；第二场试“五经”文各一篇；第三场试经史时务策五道，每道题之中包含了若干个小问题，内容涉及经、史、文学等，此为清代定例。道光二十六年（1846）江南乡试第一场《四书》题是“子贡问师……愈与”、“盖曰天之所以为天也”、“王在灵囿……鱼跃”，诗题是“赋得半帆斜日一江风，得风字五言八韵”。并给出了“风”字的同韵字。

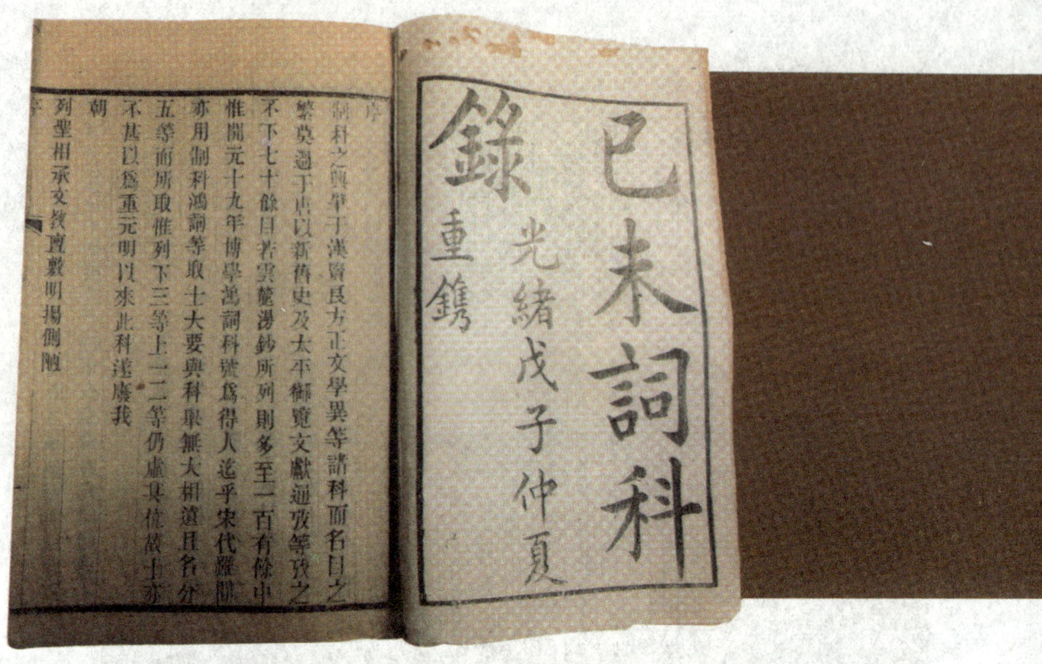

1—7 己未词科录

收藏者：湖南图书馆

年　代：光绪十四年（1888）

博学鸿儒，亦作博学宏词、博学鸿词，别称大科、词科，为清代最著名的制科。为搜罗人才，清廷决定开博学鸿儒科。康熙十八年（1679）二月，吏部奉旨制定博学鸿儒考试程序、规制。三月初一日，考试内外诸臣荐举之博学鸿儒 143 人，分上上、上、中、下四等。上上卷二十名作一等，上卷三十名作二等。此为清廷首开制科，一时名儒硕彦皆名列其中。由于康熙十八年为己未年，故称为己未词科。《己未词科录》为秦瀛所辑，是记载康熙十八年博学鸿儒科最为重要的文献。

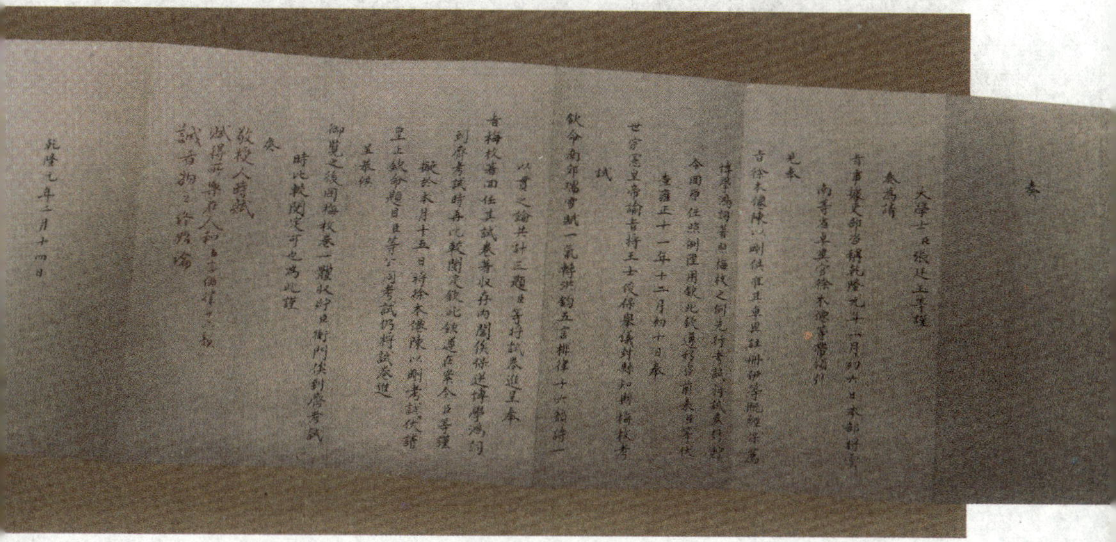

1—8 内阁大学士张廷玉恭报考试博学鸿词科并请钦定试题之朱批奏折

收藏者：中国第一历史档案馆

年　代：乾隆元年（1736）

乾隆元年九月，在保和殿御试大臣所举博学鸿词一百余人，录取一、二等十五名，分别授翰林院编修、翰林院检讨、翰林院庶吉士等职。第二年七月，又补试被荐之博学鸿词于体仁阁，取中一等一人，二等三人，万松龄、张汉授翰林院检讨，朱荃、洪世泽授翰林院庶吉士。此为内阁大学士张廷玉请求皇帝钦定试题的奏折，其上有朱批。

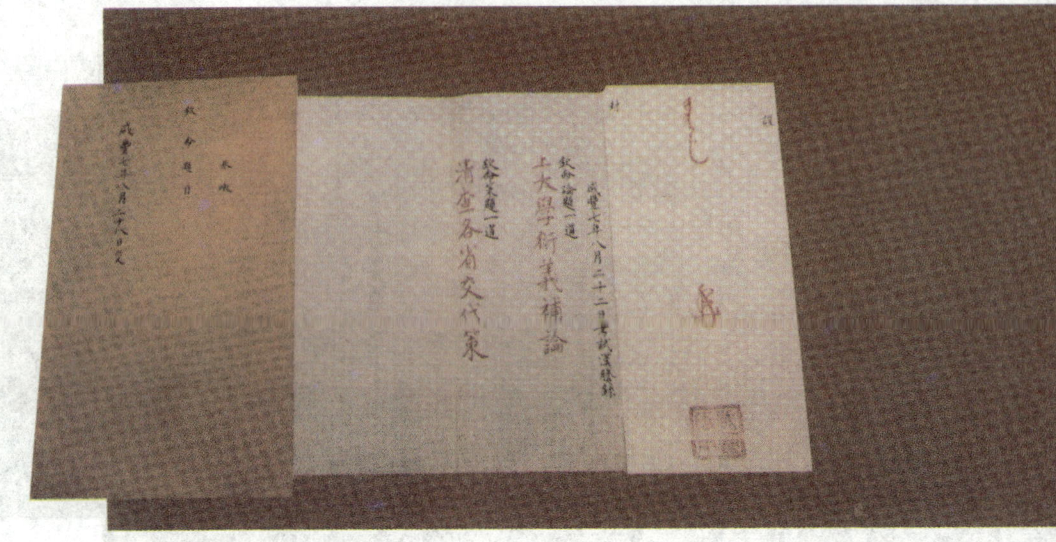

1—9 咸丰七年翻译科会试考题

收藏者：中国第一历史档案馆

年　代：咸丰七年（1857）

翻译科始于雍正元年（1723），翻译科专为八旗士子而设，分为满洲翻译和蒙古翻译。满洲翻译以满文译汉文，或以满文作论；蒙古翻译以蒙文译满文。其考试，亦分童试、乡试、会试，中式者分别称翻译生员、翻译举人、翻译进士。此为咸丰七年八月钦拟翻译科会试考题。

欽定科場條例

題名 附進士留京教習

欽定科場條例卷一

鄉會試期一

鄉試日期

一鄉試以子午卯酉年八月初九日第一場十二日第二場十五日第三場俱先一日點入次一日放出

例案

順治元年

恩詔各直省開科於二年秋八月舉行鄉試初九日第

1—10《钦定科场条例》

收藏者：南京图书馆

年　代：清代（1644—1911）

《钦定科场条例》乃清代科举考试规制之总汇编。依定制，该条例应每十年奏修一次，但是并非每十年都有奏修。嘉庆二十一年（1816），麟桂等修纂，共计六十卷。道光十二年（1832）、光绪十一年（1885）重修。对乡试、会试、考官、执事官、试题、试卷、试艺、阅卷、中额、广额、回避、关防、禁令、冒籍、坐号、外帘所官、收掌所官、违式、供具、揭晓、筵宴、闱墨、解卷、复试、磨勘、殿试、朝考等有关科举考试的事项均有明确规定。

1—11《光绪续增科场条例》

收藏者：湖南图书馆

年　代：光绪二十九年（1903）

《光绪续增科场条例》不分卷，主要记载光绪十一年（1885）四月至光绪二十八年（1902）五月的科举制度建设，是《钦定科场条例》的重要接续。

1—12 科举关防钤印“寿”字图

收藏者：中国书院博物馆

年　代：清代（1644—1911）

1—13 盖有贡院关防的魁星像

收藏者：日本早稻田大学图书馆

年　代：清代（1644—1911）

为有效地防止舞弊，包括主考官、同考官、监临、外提调、外监试、外收掌、弥封官、对读官、誊录官等在内的考场工作人员应在试卷，以及其他与考试有关的材料上钤盖属于各自职能的印章，这些印章称为关防。此图为用科举关防印成的“寿”字条幅和盖有关防印的魁星像。

1—14 长汀县正堂黄发布县试纪律牌示

收藏者：天津市教育招生考试院

年　代：同治五年（1866）

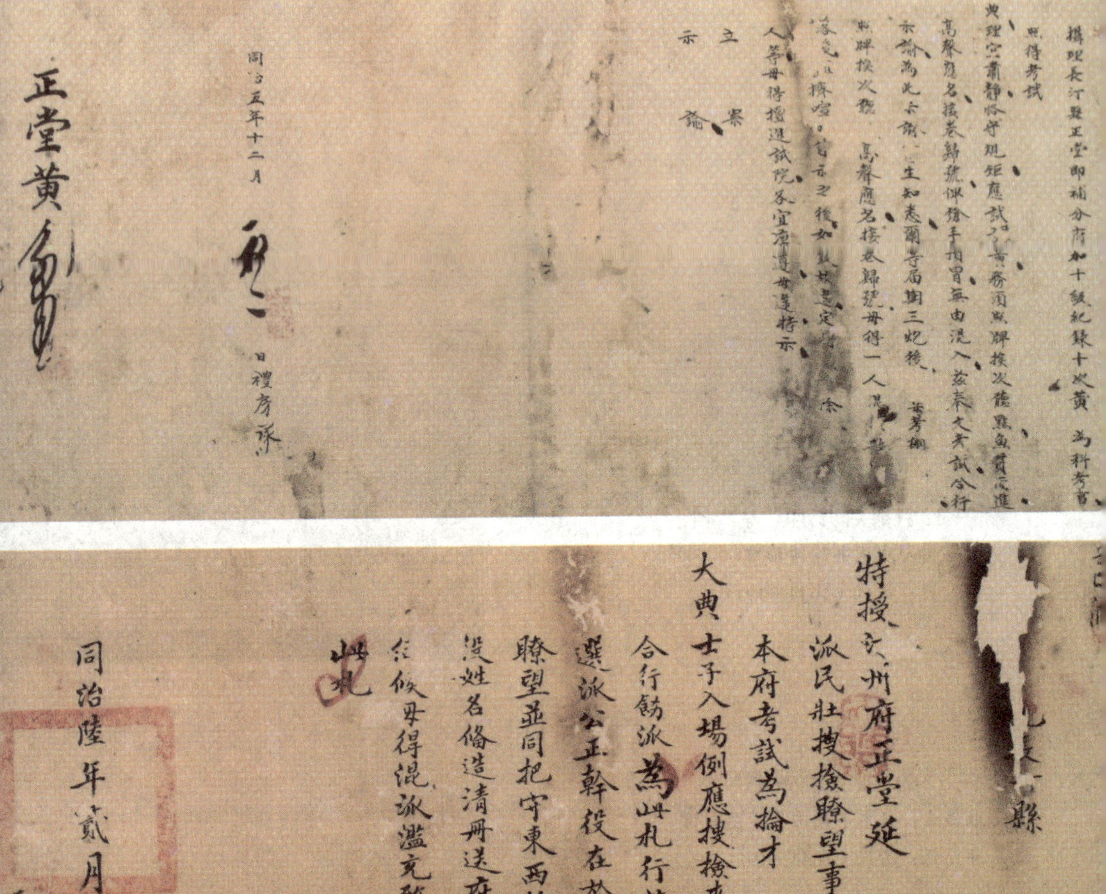

特授汀州府正堂延　為札飭選
派民壯搜撿瞭望事照得
本府考試為掄才
大典士子入場例應搜撿夾帶以拔真才
合行飭派　為此札行該縣立即[illegible]
選派公正幹役在於點名台搜撿
瞭望並同把守東西轅門及小柵欄各
處姓名備造清冊送府察點以便分飭
任役毋得混派濫充致干未便速速
此札
同治陸年貳月初五日

1—15 汀州府正堂延为府试选派壮民搜检瞭望事札长汀县

收藏者：天津市教育招生考试院

年　代：同治六年（1867）

1—16 汀州府致长汀县关于考试前严格把守辕门事札

收藏者：天津市教育招生考试院

年　代：同治六年（1867）

为保证童试的公正性，杜绝舞弊的发生，不仅要求考生严格遵守考试纪律，而且也对入场考生进行严格搜检，严防场内外传递舞弊行为的发生。此文书清楚规定考试之前，要求严格搜检，以防止不法考生夹带舞弊。

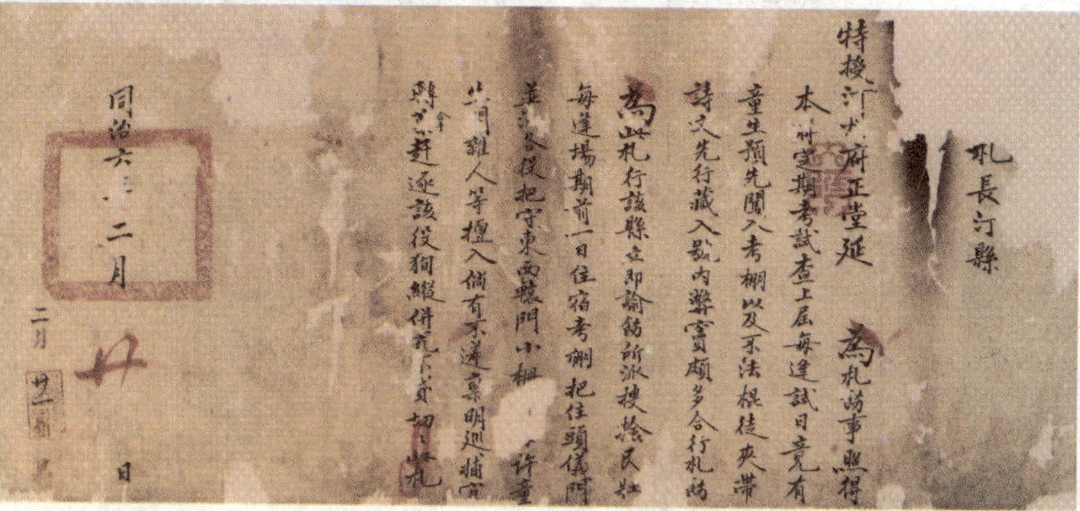

札長汀縣

特授汀州府正堂延　為札飭事照得

本府定期考試查上屆每逢試日竟有

童生預先闖入考棚以及不法棍徒夾帶

詩文先行藏入號內弊竇頗多合行札飭

為此札行該縣立即諭飭所派捜撿民壯

每逢場期前一日住宿考棚把住頭儀門

並令各役把守東西轅門小柵不許童

生閒雜人等擅入倘有不遵稟明迴捕究

辦並令趕逐該役徇縱併究不貸切切此札

同治六年二月　廿　日

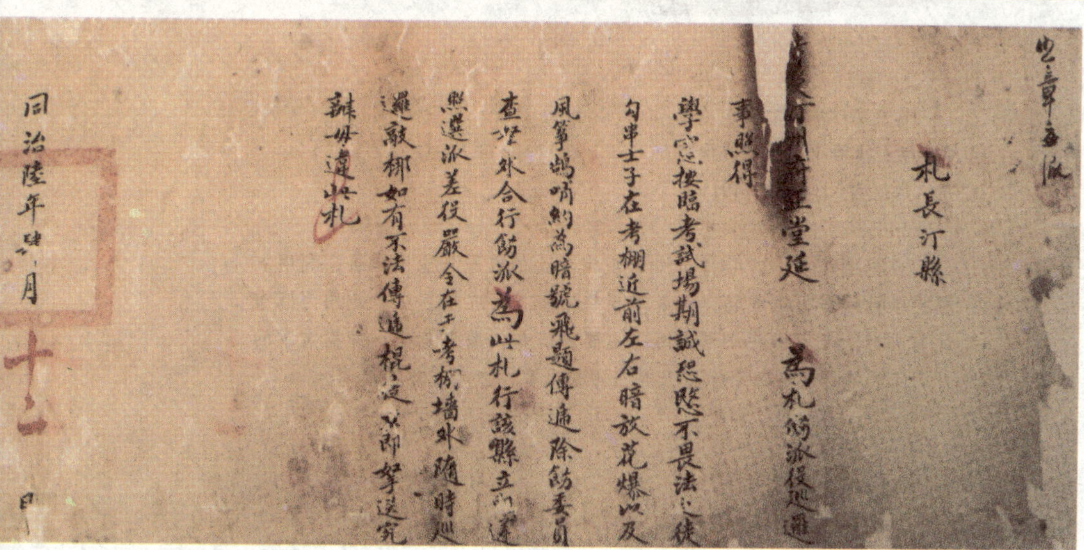

札長汀縣

汀州府正堂延　為札飭派役巡邏事照得

學憲按臨考試場期誠恐愍不畏法之徒

勾串士子在考棚近前左右暗放花爆以及

風箏鵓哨約為暗號飛題傳遞除飭委員

查察外合行飭派　為此札行該縣立即遴

照選派差役嚴令在于考棚墻外隨時巡

邏敲梆如有不法傳遞棍徒即拏送究

辦毋違此札

同治陸年貳月　十二　日

1—17 汀州府致长汀县关于严禁场内外传递札

收藏者：天津市教育招生考试院

年　代：同治六年（1867）

清代中后期考试传递舞弊日益猖獗，传递手段也是五花八门，层出不穷。此文书是长汀知县、汀州知府为防止考场内外勾结传递舞弊，宣布严厉打击在考棚附近放爆竹、风筝、鹄哨等约为暗号以传递考题和答题等舞弊行为。

1—18 夹带坎肩

收藏者：上海中国科举博物馆

年　代：清代（1644—1911）

自乾隆九年（1744）开始，规定考生的衣服只能用单层，利用衣服夹带袖珍书很难成功，于是考生将字直接写在坎肩上。此图为麻布坎肩夹带，上用蝇头小楷书写，主要内容是八股文范文。每篇文章的标题用红笔标明。每个字虽只有三四毫米宽，但字迹非常清楚。

1—19 应试袖珍书（1）

1—20 应试袖珍书（2）

收藏者：南京中国科举博物馆

年　代：光绪朝（1875—1908）

科考小抄用极小的字书写，内容是《四书》、《五经》、八股文范文、试帖诗等。由于这些印刷品体积小，容量大，为不法考生夹带舞弊提供了便利。此为光绪年间科考小抄，主要内容为截搭题八股文范文。

1—21 哈达哈关于顺天乡试夹带作弊的奏折

收藏者：中国第一历史档案馆

年　代：乾隆九年（1744）

1—22 乾隆九年八月十六日上谕档

收藏者：中国第一历史档案馆

年　代：乾隆九年（1744）

乾隆九年顺天乡试时，皇帝钦点哈达哈、舒赫德等搜查贡院，第一、二场均搜出夹带者 21 人，另有因害怕搜检而没有参加考试的考生多达 2000 人，贡院外丢弃的蝇头小楷书写的用于作弊的小抄不计其数。乾隆皇帝发布诏令，严惩作弊者。此为哈达哈有关搜检结果的奏折和乾隆帝发布严惩作弊者的上谕档。

1—23 浙江巡抚崧骏奏报周福清科场案的审理奏折

收藏者：中国第一历史档案馆

年　代：光绪十九年（1893）

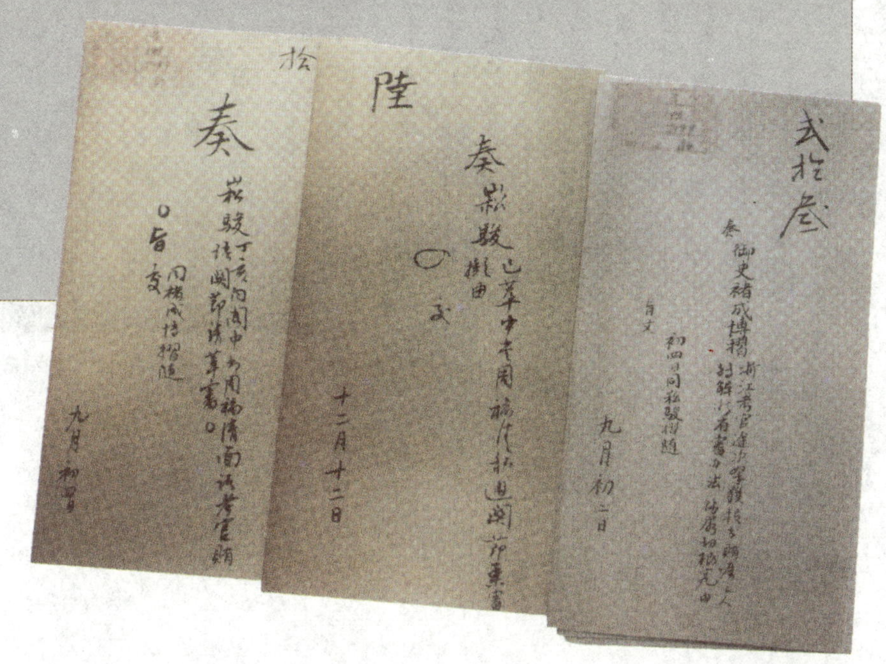

内阁中书周福清于光绪十九年贿赂浙江乡试主考官殷如璋，企图与之通关节舞弊。事发后清廷要求从严处罚，周福清被判斩监候，秋后处决。此为浙江巡抚崧骏奏报周福清贿赂考官舞弊案的审理奏折。

光緒二十七年四月十七日內閣欽奉
慈禧端佑康頤昭豫莊誠壽恭欽獻崇熙皇太后懿旨
為政之道首在得人況值時局阽危尤應破格求才
以資治理允宜敬遵
成憲照博學鴻詞科例開經濟特科於本屆會試前舉
行天下之廣何患無才具有志慮忠純規模閎遠學
問淹通洞達中外時務者著各部院堂官及各省督
撫學政出具考語即行保薦並著政務處大臣擬定
考試章程先期請旨辦理朝廷振興百度母子一心
懲往日之因循望賢才之輔治爾諸臣當詳加延攬
各舉所知共濟艱難以維邦本使中興人才之盛再
見於今則深宮所禱祀求之者也欽此

1—24 慈禧太后关于开经济特科懿旨

收藏者：上海中国科举博物馆

年　代：光绪二十七年（1901）

光绪二十七年四月十七日，慈禧太后发布懿旨，宣布开经济特科，要求各部堂官及省督、抚、学政推荐人才。二十九年（1903），殿试保荐者，考试分两场进行，第一场为正场，第二场为复试，两场皆试论、策各一篇。此为清廷发布关于开经济特科的懿旨。

1—25 经济特科正场等第名单

收藏者：南京中国科举博物馆

年　代：光绪二十九年（1903）

经济特科正场在光绪二十九年闰五月十六日举行，应试考生186人，钦派张之洞、裕德、徐会沣、张英麟、戴鸿慈、李昭炜、张仁黼、熙瑛八人为阅卷大臣。梁士诒等48名为一等，桂坫等79名为二等，准予复试。复试之后，录取袁嘉穀等9人为一等，冯善征等18人为二等，正场录取者被淘汰了100人，其中正场列一等前5名仅录取了张一麐，而梁士诒、杨度、李熙、宋育仁均落榜。此为经济特科正场等第名单。

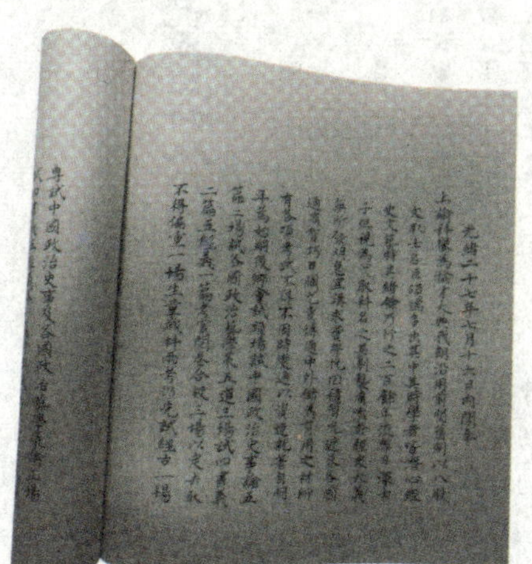

1—26 停用八股文上谕档

收藏者：中国第一历史档案馆

年　代：光绪二十七年（1901）

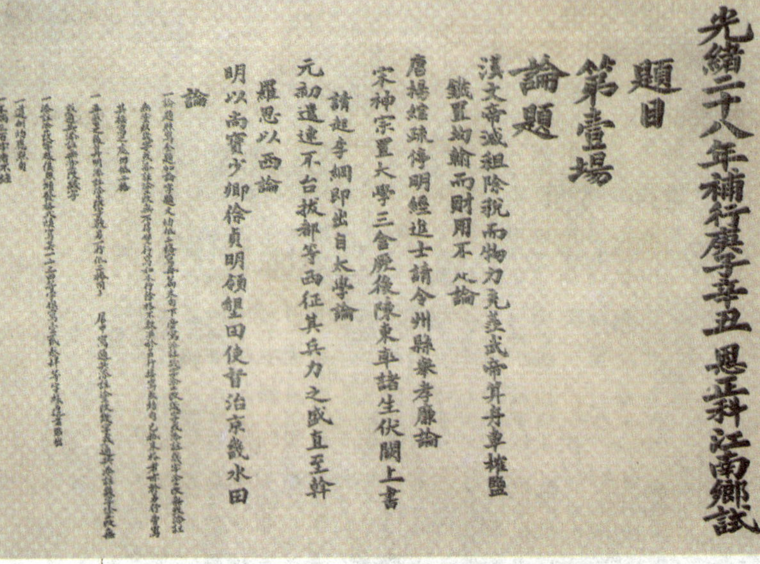

光緒二十八年補行庚子辛丑恩正科江南鄉試

題目

第壹場

論題

漢文帝減租除稅而物力充羨武帝算舟車榷鹽鐵置均輸而財用不足論

唐楊綰疏侍明經進士請令州縣舉孝廉論

宋神宗置大學三舍厯後陳東率諸生伏闕上書請起李綱即出自太學論

元初遣速不台拔都等西征其兵力之盛直至斡羅思以西論

明以尚寶少卿徐貞明領墾田使曾治京畿水田論

1—27 光绪二十八年庚子辛丑恩科江南乡试第一场题目

收藏者：上海中国科举博物馆

年　代：光绪二十八年（1902）

光緒二十八年補行庚子辛丑恩正科江南鄉試

題目

第貳場

策五道

中外刑律互有異同自各口通商日繁交涉應如何參酌損益妥定章程令收回治外法權策

證明公法他國能否干預內政之例以慎邦交而維國柄策

各國改用金幣始於何時金價日增其故安在主之者何人若中國償款用金虧損甚鉅擬亟籌抵制之方策

農商之學泰西講求極精其見諸著述者不少江南地大物博易於推行何者當擴充仿辦策

歐洲格致多源出中國宜精研絕學以為富強之基策

1—28 光绪二十八年庚子辛丑恩科江南乡试第二场题目

收藏者：上海中国科举博物馆

年　代：光绪二十八年（1902）

1—29 光绪二十八年庚子辛丑恩科江南乡试第三场题目

收藏者：上海中国科举博物馆

年　代：光绪二十八年（1902）

光緒二十八年補行庚子辛丑恩正科江南鄉試

題目

第叁場

人之言曰為君難為臣不易如知為君之難也不幾乎一言而興邦乎

左右皆曰賢未可也諸大夫皆曰賢未可也國人皆曰賢然後察之見賢焉然後用之左右皆曰不可勿聽諸大夫皆曰不可勿聽國人皆曰不可然後察之見不可焉然後去之

是故形而上者謂之道形而下者謂之器

一四書五經義題照四書文經文例書寫原文題目低二格寫文頂格寫

一四書五經義均不准用八股文程式

一每篇填寫添註塗改均照頭場式樣惟總數應於第二場首藝後另行低二格用大字居中寫

一文稿照寫二場首藝前另行仍低二格寫

一字例均應照句

滿三百字者不錄

光绪二十七年（1901），清廷宣布改革科举考试内容，乡会试考题发生根本性的变化，头场试中国政治史事论五篇，二场试各国政治、艺学、策五篇，三场试《四书》义二篇、“五经”义一篇，一律不准用八股文作答。此为光绪二十八年补行庚子、辛丑恩科江南乡试第一、二、三场题目。

1—30 时文鬼图

来　源：《点石斋画报》（贞集）

年　代：光绪二十四年（1898）

此图描绘广西某府士子对科举取消八股文和试帖诗强烈不满，甚至到官府衙门去示威，被人称之为“时文鬼”或者“冒失鬼”。

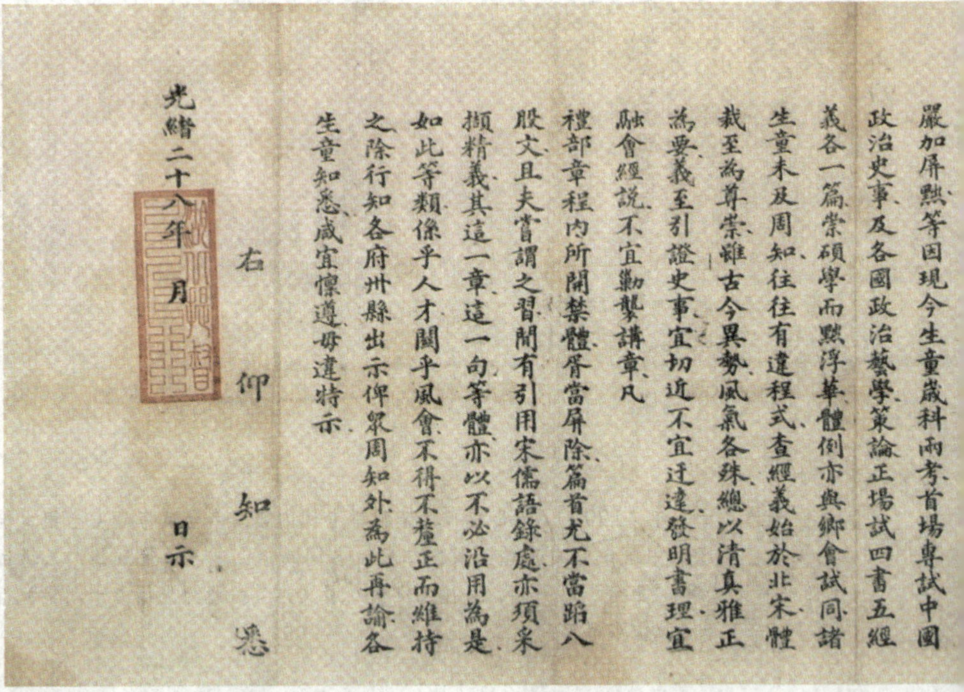

嚴加屏黜等因現今生童歲科兩考首場專試中國政治史事及各國政治藝學策論正場試四書五經義各一篇崇碩學而黜浮華體例亦與鄉會試同諸生童未及周知往往有違程式查經義始於北宋體裁至為尊崇雖古今異勢風氣各殊總以清真雅正為要義至引證史事宜切近不宜迂遠發明書理宜融會經說不宜勦襲講章凡

禮部章程內所開禁體胥當屏除篇首尤不當蹈八股文且夫嘗謂之習間有引用宋儒語錄處亦須采擷精義其這一章這一句等體亦以不必沿用為是如此等類係乎人才關乎風會不得不釐正而維持之除行知各府州縣出示俾衆周知外為此再諭各生童知悉咸宜懍遵毋違特示

右仰知悉

光緒二十八年　月　日示

1—31 湖北提督学院科场条例

收藏者：上海中国科举博物馆

年　代：光绪二十八年（1902）

根据光绪二十七年（1901）改革科举考试内容的上谕，学政主持的生童岁、科两考的考试内容调整为中国政治、史事及各国政治、艺学、策论，并试《四书》义、“五经”义各一篇。此为二十八年（1902）湖北学政胡鼎彝公布清廷改革科举的告示。

欽命翰林院編修提督湖北學院胡 為
釐正文體剴切曉諭事照得變通科舉原為掄取真
才使者奉
命督學是邦按試諸郡其中固不乏切實講求大雅宏達
之髦而仍前空疏庸濫者亦復不少伏讀光緒二十
七年七月十六日
上諭一切考試凡四書五經義均不準用八股文程式策
論均應切實敷陳不得仍前空衍剽竊自此次降旨之
後皆當爭自濯磨務以四書五經為根柢究心經濟力
戒浮囂明體達用足備器使庶副
朝廷求治作人之至意等因仰見
聖謨宏遠造就維殷又讀
政務處 禮部 覆奏變通科舉章程第四條論策義體例較
之八股文律固應從寬惟考官衡文亦不得不限以
程式頭場五論士子切題發揮必須上下古今指陳
得失策則每舉一事亦必窮原竟委議論詳明總期
各抒所見不蹈空言四書義經義尤宜樸實說理研
究精義會通各家經說闡發無遺不得勦襲講章膚

1—32 停废科举上谕

收藏者：中国第一历史档案馆

年　代：光绪三十一年（1905）

光绪三十一年八月初四日（1905 年 9 月 2 日），清廷接受袁世凯、张之洞、赵尔巽等人的建议，颁布上谕，宣布从丙午科（1906）开始，停止所有乡、会试等，这标志着在中国历史上沿用了 1300 年之久的科举制度的终结。此为清廷发布的科举停废上谕。

光緒三十一年八月初四日内閣奉
上諭袁世凱等奏請立停科舉以廣學校並妥籌辦
法一摺三代以前選士皆由學校而得人極盛實
我中國興賢育才之隆軌即東西洋各國富強之
效亦無不本於學堂方今時局多艱儲才為急朝
廷以近日科舉每習空文屢降明詔飭令各省督
撫廣設學校將俾全國之人咸趨實學以備任使
用意至為深厚前因管學大臣等議奏已準將
鄉會試中額分三科遞減茲據該督等奏稱科舉
不停民間相率觀望欲推廣學堂必先停科舉等
語所陳不為無見著即自丙午科為始所有鄉會
試一律停止各省歲科考試亦即停止其以前之
舉貢生員分別量予出路及其餘各條均著照所請
辦理總之學堂本古學校之制其獎勵出身又與
科舉無異歷次定章原以修身讀經為本各門科
學又皆切於實用是在官紳明宗旨闡風興起
多建學堂普及教育國家既獲樹人之益即地方
亦與有榮施經此次諭旨後著學務大臣迅速頒
發各種教科書以定指歸而宏造就並著責成各
該督撫實力通籌嚴飭府廳州縣趕緊於城鄉各
處遍設蒙小學堂慎擇師資廣開民智其各認真
舉辦隨時考察不得敷衍致滋流弊務期進
德修業體用兼賅共副朝廷勸學作人之至意欽此

光緒三十一年八月初五日内閣奉
上諭浙江溫處道員缺著曾元彬調補甘肅寧夏府
道著[illegible]補授欽此

1—33 “钦奖进士”匾

收藏者：北京励志堂科举匾额博物馆

年　代：宣统二年（1910）

清廷停废科举之后，颁布《各学堂奖励章程》，其中“大学堂分科大学毕业奖励”条规定：“考试最优等者，作为进士出身，用翰林院编修、检讨……考列优等，作为进士出身，用翰林院庶吉士……考列中等者，作为进士出身，以各部主事分部尽先补用。”此匾上款为“宣统庚戌岁”。下款为“天锡立”。

二　报考篇

报考是士子应试之始。报考士子应为未曾入学、无功名者，无论其年龄大小，统称为童生，又称文童、儒童，以别于应武科之武童生。清初沿袭明制，报考士子必须是本县（府属州、厅同）人，且非优、倡、皂、隶之子孙，本身无刑伤过犯，又无父母之丧，可于试期公布后前往县署礼房报名，当堂填写姓名、年貌、三代履历，取县同考五人互结，并指认本县廪生保结。报考之后，即可以应县试。

2—1 神童幼慧图

来源:《点石斋画报》(申集)，点石斋石印局，光绪十六年（1890）

科举报考无年龄限制，老少童生同场竞争屡见不鲜。此图描绘光绪朝甘肃一位年仅 12 岁的神童何进明在考场中表现出色，受到众人赞誉的情景。

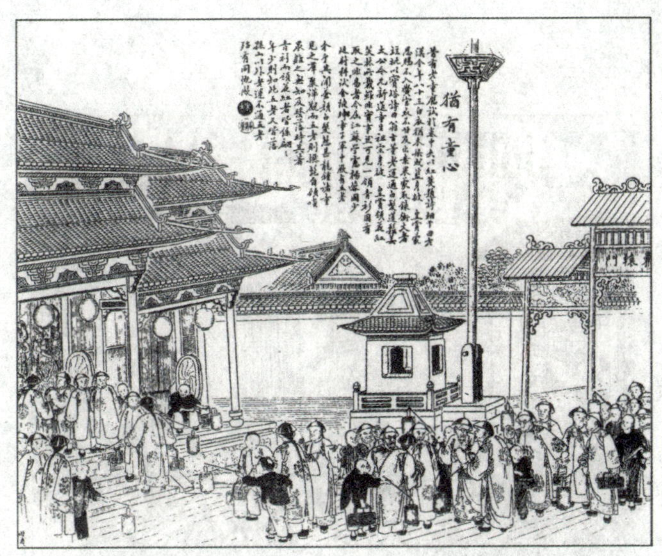

2—2 犹有童心图

来源：《点石斋画报》（金集），点石斋石印局，光绪十七年（1891）

由于科举竞争十分激烈，加之为三年开科一次，年老应试者并不罕见。“犹有童心图”描绘在一次院试时，年轻考生围观5位白发苍苍的老童生，他们却神态自若，照常参加考试，但终未被取中为秀才之事。

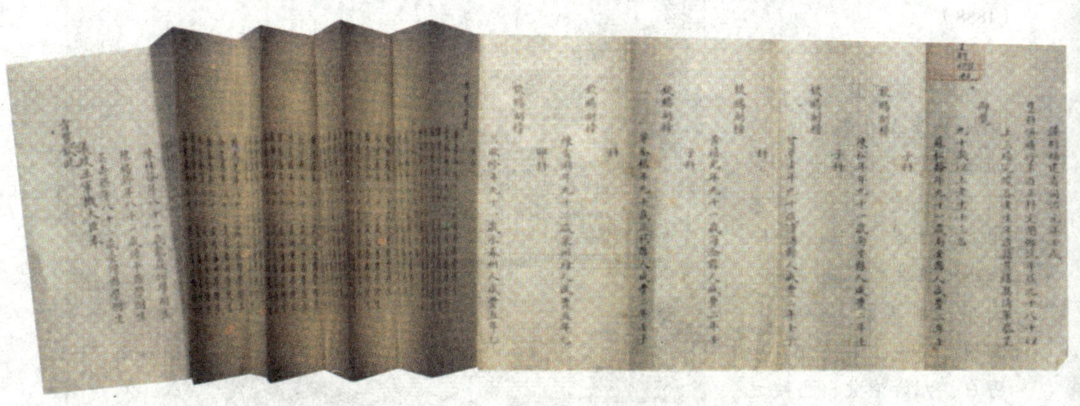

2—3 清同治元年壬戌科恩科并补行辛酉正科福建乡试年老应试者名单

收藏者：中国第一历史档案馆

年　代：同治元年（1862）

清同治元年壬戌科恩科并补行辛酉正科福建乡试年老应试者名单中，90岁以上的应试者共有13名，均钦赐副榜。

2—4 瘫童入泮图

来源:《点石斋画报》(贞集),点石斋石印局,光绪二十四年(1898)

2—5 聋人应试图

来源:《点石斋画报》(寅集),点石斋石印局,光绪十四年(1888)

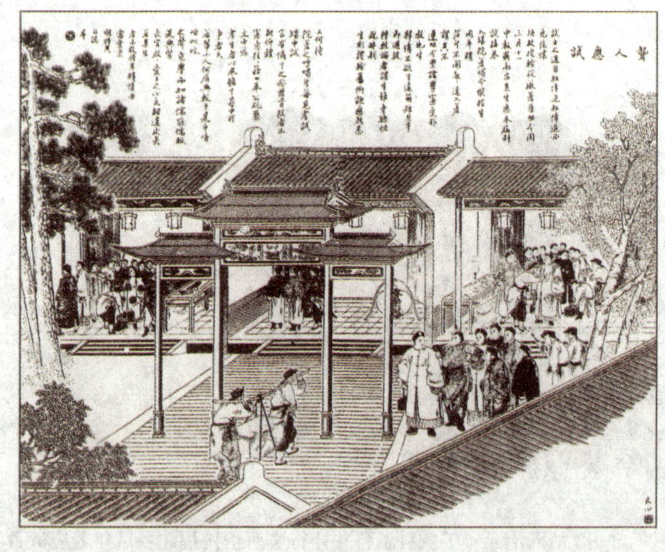

清代规定娼、优、隶、皂等必须在其报官改业,四世之后才有应试资格。门子、长随、小马、驿递车夫、皂隶、马快、步快、盐快、禁卒、弓兵、锣夫、吹手、剃头夫、修脚工、喜娘、轿夫,以及浙江之丐户、九姓渔父、山陕之乐户、广东之胥户、旗民家奴等之子孙均无资格应试。身体残疾者、丁忧者亦无资格报考。然而,至清代中后期,对考生身份限制有所放松。

"瘫童入泮图"描绘江苏常熟下肢瘫痪的席大成不仅顺利参加考试,而且还被录取为秀才之事。

"聋人应试图"描绘南昌的一名重听考生应试时,因没有听到考场工作人员点名而被斥责之事。

2—6 学使怜才图

来源:《点石斋画报》(子集),点石斋石印局,光绪十三年(1887)

由于各地录取名额有限,清代统治者要求考生必须在户籍所在地报考,严厉禁止冒籍。然而,受金榜题名的诱惑,冒籍应试者屡禁不止。

此图描绘学政允许无锡籍的唐继升冒籍参加苏州府试,因学政爱惜人才,不但没有追究他的舞弊之罪,反而将唐继升录取为院试案首。

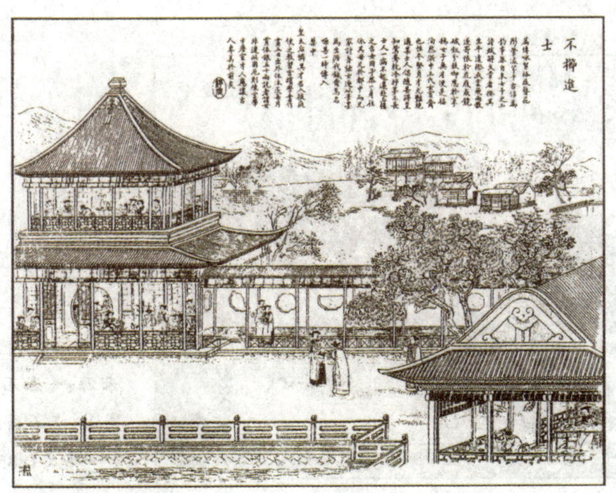

2—7 不节进士图

来源:《吴友如画宝·古今谈丛图》,上海文瑞楼书局,光绪三十四年(1908)

2—8 闺秀论文图

来源:《点石斋画报》(丑集),点石斋石印馆,光绪十四年(1888)

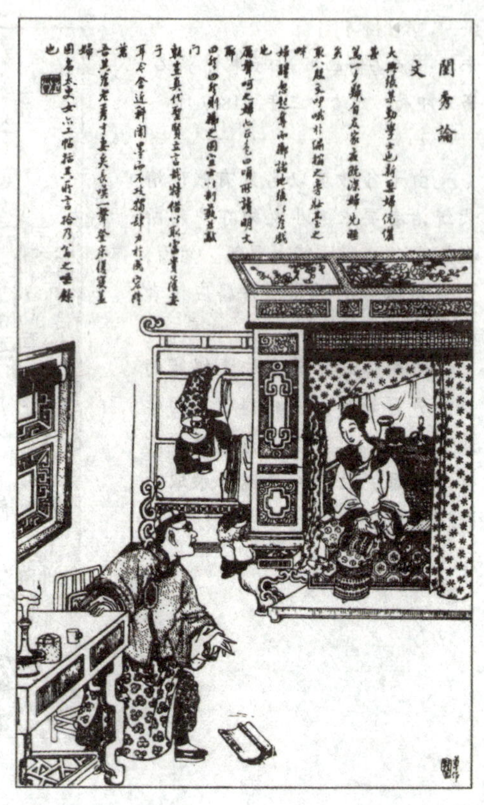

由于科举是选拔官员的考试制度,而中国古代官员不用女性(除少数官内官之外),因此女性无报考资格,也无女性获得科举功名。不少饱读诗书的女性只好全力培养下一代,希望自己的金榜题名梦想能在其下一代身上得到实现。

“不节进士图”描绘了浙江王氏才华横溢,丈夫死后,回娘家以笔墨为生,被慈禧太后召入宫中,给予赏赐之事。

“闺秀论文图”描绘张某之妻对他所读的明代八股文非常不满,认为必须读最近出版的科场闱墨(新科进士、举人的优秀八股文汇编)才能脱颖而出,否则就只能总是个老秀才了。

2—9 旗童校射图

来源:《点石斋画报》(丁集),点石斋石印馆,光绪十一年(1885)

与其他民族的考生不同,清廷为保持满洲八旗蒙古子弟勇猛善战的特点,要求所有准备参加科举考试的子弟都需先试以马箭、步箭,合格者才有资格报考。此图描绘八旗子弟考试步射图。

2—10 西人赴试图

来源:《点石斋画报》(石集),点石斋石印馆,光绪十八年(1892)

与唐代至明代允许外国士子参加科举不同,清廷实行闭关锁国政策,禁止外国人应试科举。此图描绘晚清任职于海关总务司的英国人赫德之子赫承先准备应顺天乡试,但最终因顺天府士子的强烈反对而未能入场应试之事。

2—11 朝鲜科甲图

来源:《点石斋画报》(丁集),点石斋石印馆,光绪十一年(1885)

科举不仅吸引了外国人应试,还直接影响了东亚和西方一些国家,朝鲜、越南等国曾效仿实行科举制度,西方国家如法、英、美等国借鉴科举制度建立了近代文官制度。朝鲜科举始于高丽光宗九年(958),至李朝高宗三十一年(1894)废止,在朝鲜历史上共延续了936年。此图描绘朝鲜状元游街的场景。

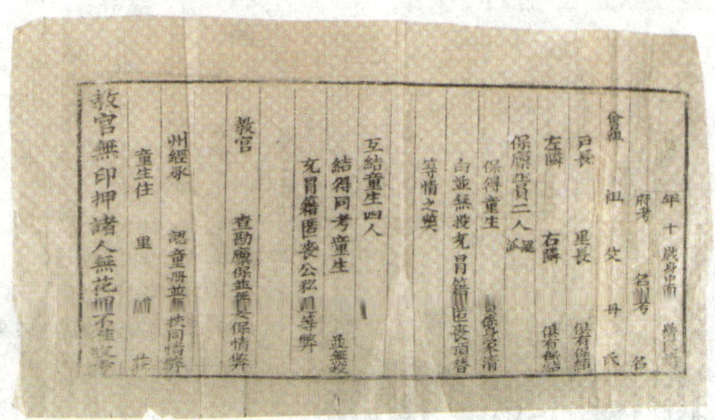

2—12 空白报考单

收藏者：中国书院博物馆

年　代：清代（1644—1911）

考生报考时，需当堂亲笔填写姓名、籍贯、年岁、相貌，以及三代存、殁、已仕、未仕等信息的亲供单，条件合格方有应试资格。此为考生报考所用空白亲供单。

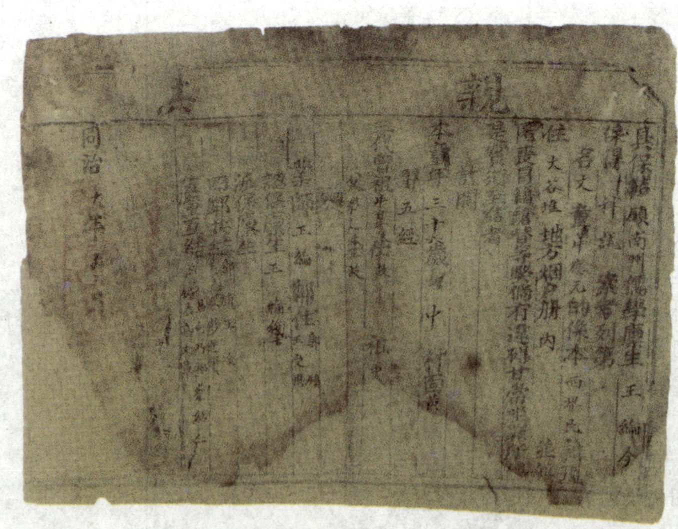

2—13 牛应元亲供单

收藏者：南京中国科举博物馆

年　代：同治六年（1867）

2—14 蔡绍仁亲供单

收藏者：南京中国科举博物馆

年　代：同治年间

为保证报考者身份的真实，杜绝枪手代考、冒籍应试等弊，报考时除需要士子亲自赴县儒学署，当堂填写年龄、体貌等外，还需要五童互结，廪生认保和派保。

“牛应元亲供单”和“蔡绍仁亲供单”除填写了考生的籍贯、年岁、身材、相貌、父祖姓名等信息之外，还有业师、认保廪生、派保廪生、四邻共结、五童互结者的名单。

2—15 广文屈膝图

来源：《点石斋画报》（癸集），点石斋石印馆，光绪十三年（1887）

此图描写一个生员根据知县的要求为考生派保，向生员索要贽仪。知县知道之后，要求生员将贽仪退回给考生。

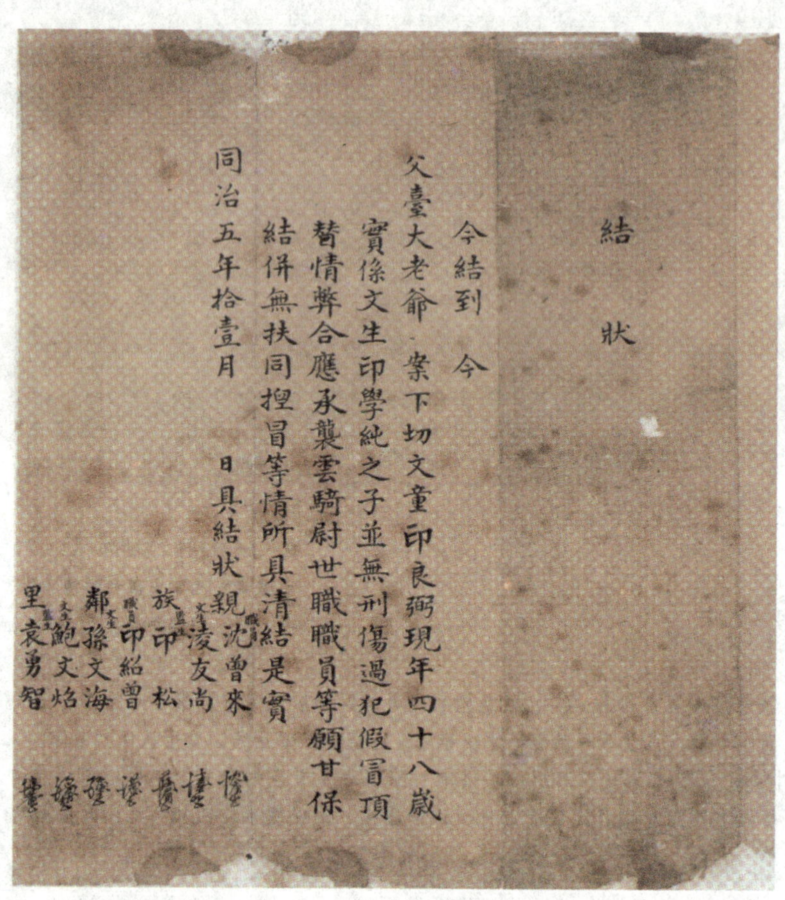
結狀

令結到 令

父臺大老爺 案下切文童印良弼現年四十八歲

實係文生印學純之子並無刑傷過犯假冒頂

替情弊合應承襲雲騎尉世職職員等願甘保

結併無扶同捏冒等情所具清結是實

同治五年拾壹月 日具結狀親 沈曾來

族 凌友尚

印松

鄰 印紹曾

孫文海

里 鮑文焰

袁勇智

2—16 结状

收藏者：上海中国科举博物馆

年　代：同治五年（1866）

为了保证考生身份的真实性，除有廪生担保之外，还需邻、里和族人担保。担保者要在官学提供的文件上签字，以保证这些担保的有效性，保结的文书称为“结状”。此为同治五年印良弼报考的结状。

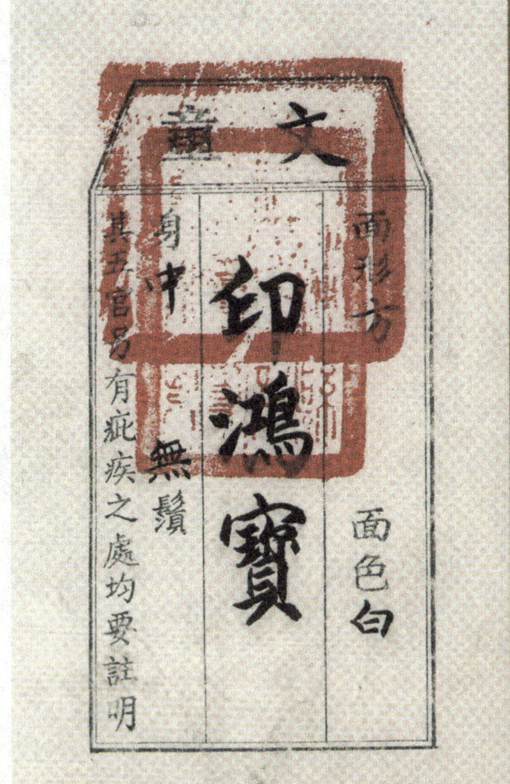
文童
面形方
面色白
印鴻寶
身中
無鬚
其五官另有疵疾之處均要註明

2—17 印鸿宝浮票

收藏者：上海中国科举博物馆

年　代：清代（1644—1911）

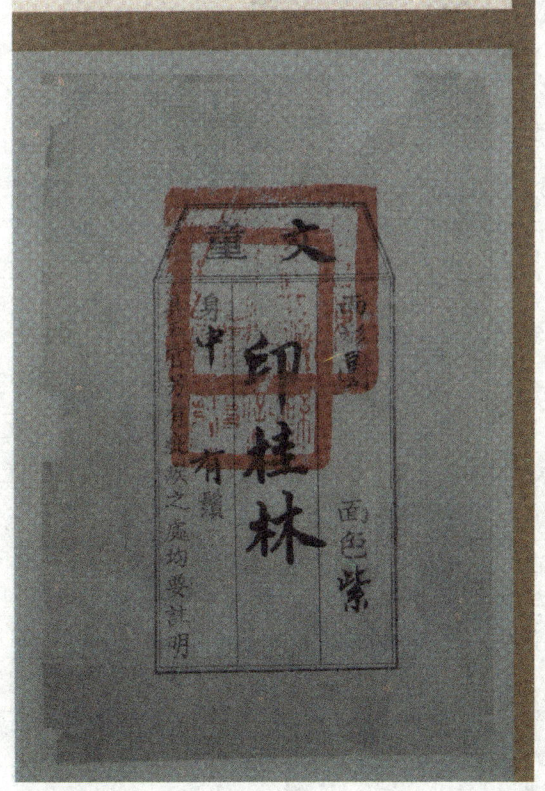
文童
面形[illegible]
面色紫
印桂林
身中
有鬚
其五官另有疵疾之處均要註明

2—18 印桂林浮票

收藏者：上海中国科举博物馆

年　代：清代（1644—1911）

考生完成报考手续之后，即有应试资格。应试浮票上有考生的基本信息，是考生应试的凭证。此为印鸿宝和印桂林应试浮票。

三 童试

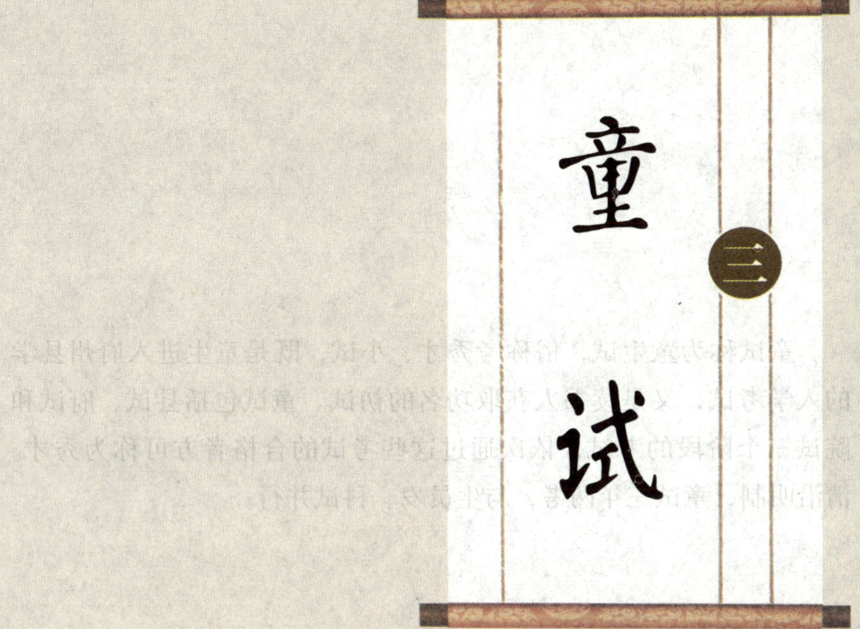

童试称为童生试，俗称考秀才、小试，既是童生进入府州县学的入学考试，又是读书人获取功名的初试。童试包括县试、府试和院试三个阶段的考试，依次通过这些考试的合格者方可称为秀才。清沿明制，童试三年两考，与生员岁、科试并行。

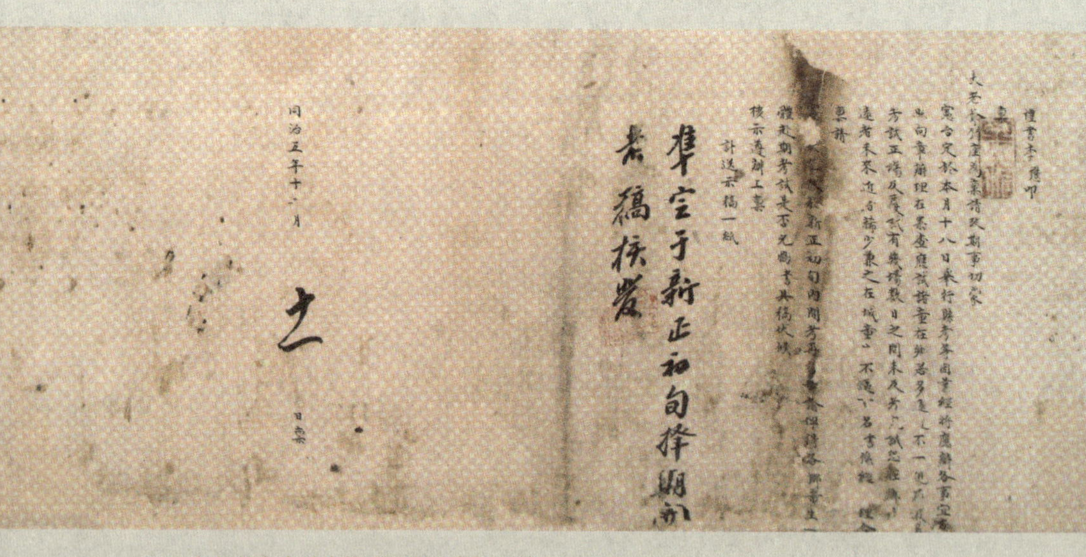

3—1 长汀礼书李懋为县试改期事禀长汀县

收藏者：天津市教育招生考试院

年　代：同治五年（1866）

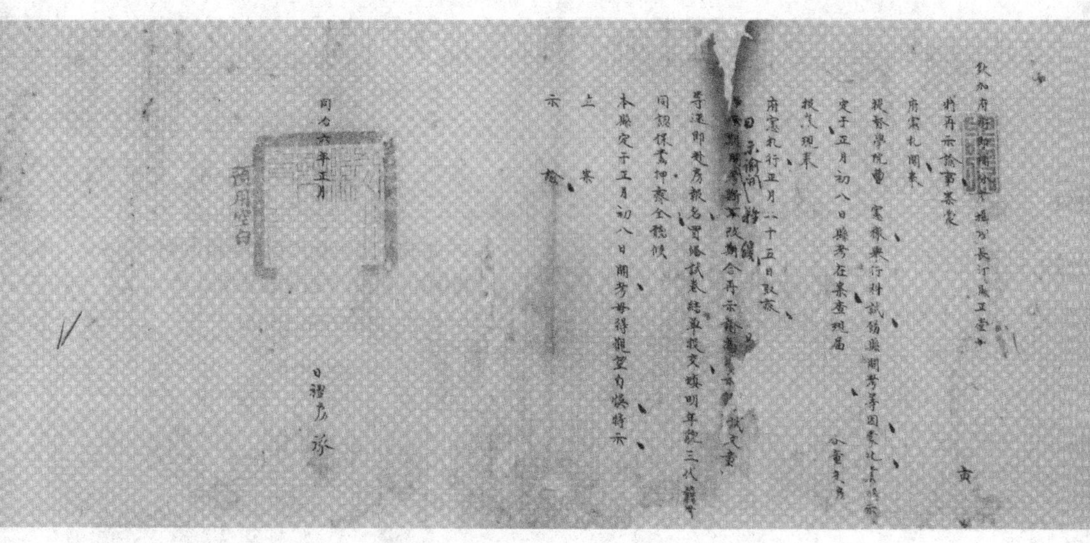

3—2 长汀县正堂黄发布县试日期牌示
收藏者：天津市教育招生考试院
年　代：同治六年（1867）

3—3 长汀礼书李懋为县试改期事禀长汀县
收藏者：天津市教育招生考试院
年　代：同治六年（1867）

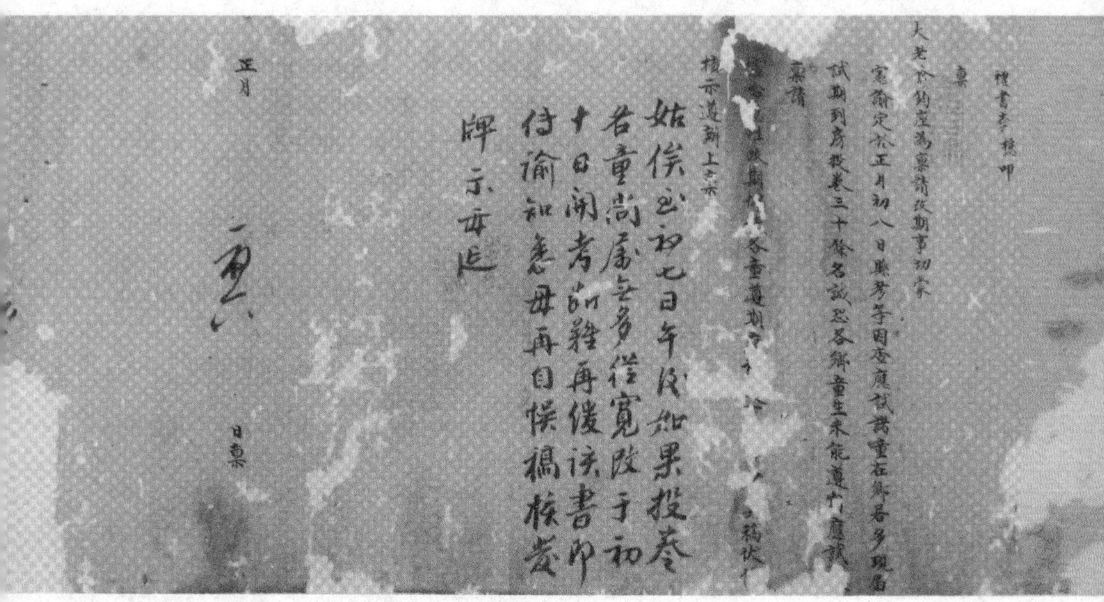

3—4 长汀县正堂黄发布县试改期牌示

收藏者：天津市教育招生考试院

年　代：同治六年（1867）

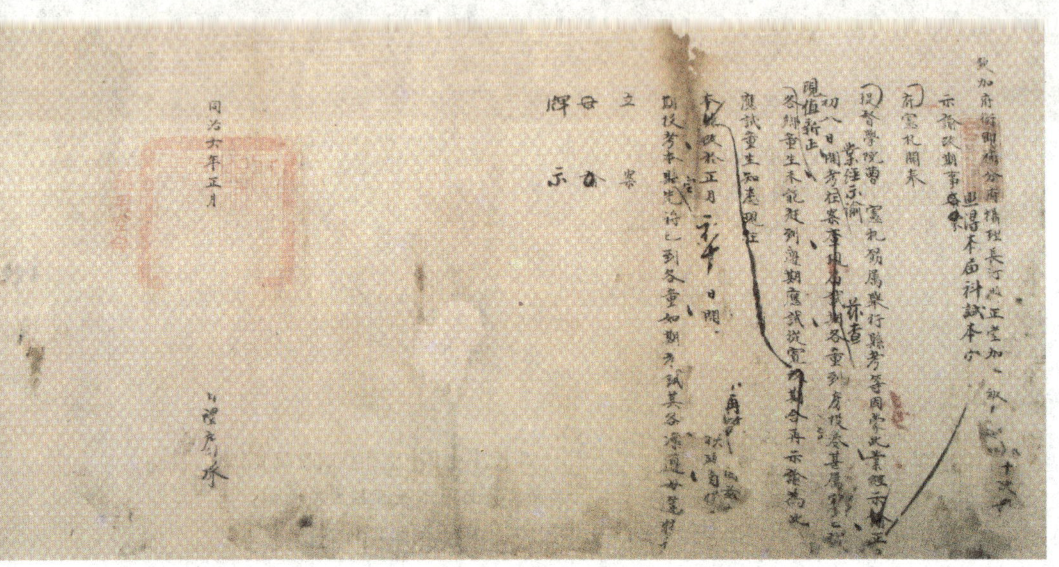

州县考试童生，需要等学政文到，才能组织实施，每省县试时间并不统一。各州县官接到学政行文后，先期一月出示试期，并告知报名等相关事宜。

《长汀礼书李懋为县试改期事禀长汀县》所记：长汀知县原定于同治五年（1866）十二月初八日举行县试（李懋书为十八日，疑有误）。

《长汀县正堂黄发布县试日期牌示》所记：考虑到有部分考生在外地，无法及时应试，决定推迟至次年正月初八日举行。

《长汀礼书李懋为县试改期事禀长汀县》所记：因有30余名考生未能及时赴考，长汀礼书请求知县将县试再次延期至正月初十日举行。

《长汀县正堂黄发布县试改期牌示》所记：长汀县知县将县试时间改为正月初十日举行。

3—5 长汀县正堂黄为县试时间移七邑

收藏者：天津市教育招生考试院

年　代：同治五年（1866）

3—6 长汀县正堂黄为县试日期详汀州府

收藏者：天津市教育招生考试院

年　代：同治五年（1866）

为防止同府的不同县考生骑考或重考，顺治九年（1652）规定每府下辖的州县应该在同一天举行正场考试。乾隆二十二年（1757），清廷禁止县试分场进行，此后成为定制。汀州府下辖长汀、武平、永定、上杭、宁化、连城、归化、清流八县。

《长汀县正堂黄为县试时间移七邑》所记：长汀知县向七邑行文，表示县试时间为同治六年（1867）正月初八日，请各县同时开考。

《长汀县正堂黄为县试日期详汀州府》所记：长汀县知县向汀州知府禀明，县试时间为正月初八日。

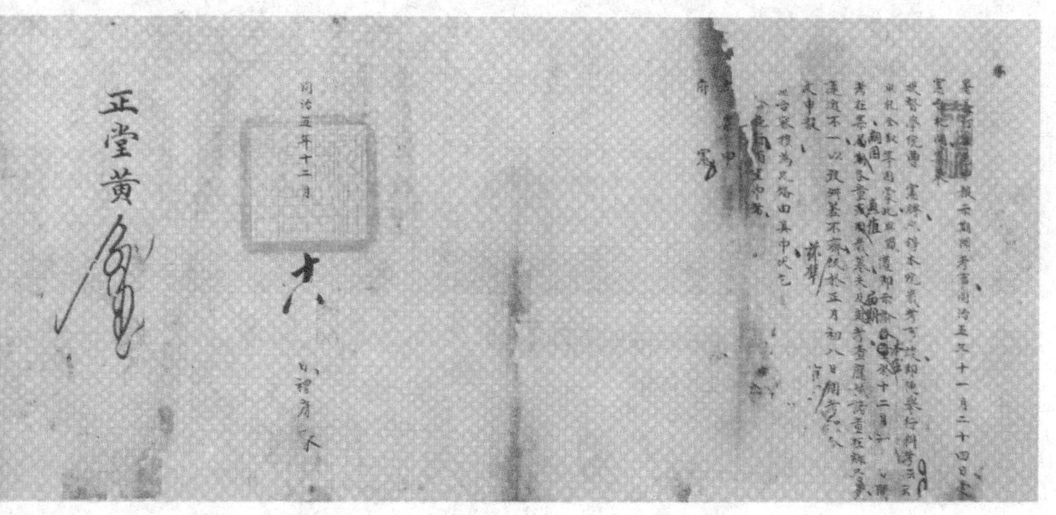

3—7 归化县正堂韩为县试时间移长汀县正堂黄

收藏者：天津市教育招生考试院

年　代：同治五年（1866）

3—8 武平县正堂卢为县试时间移长汀县正堂黄

收藏者：天津市教育招生考试院

年　代：同治六年（1867）

3—9 永定县正堂周为县试时间移长汀县正堂黄

收藏者：天津市教育招生考试院

年　代：同治六年（1867）

[illegible]縣正堂加十級紀錄十次周　為移知考試日期事案奉
本府憲延　札開案奉
提督學院曾　憲牌催趕速舉行縣試府試並飭屬趕緊開考等因轉行到[illegible]
[illegible]此敝縣遵即定于本年二月十八日舉行縣考合就移知
貴縣請煩查照同日考試以杜跨考情弊禱切望切須至移者
右　　移
長汀縣正堂加十級紀錄十次黃
同治陸年正月　十　日

[illegible]上杭縣正堂加十級紀錄十次史　為科考事[illegible]
二月二十四日蒙
本府憲延　札開奉
提督學院曾　憲牌照得本院歲考事竣即便舉行科考合先行知飭即[illegible]
舉行縣考等因轉飭到縣敝縣祗任後隨于本年[illegible]
本府憲外合就移知為此移請
貴縣請煩查照須至移者
右　　移
長汀縣正堂加十級紀錄十次黃
陸年正月　十二　日移

3—10 上杭县正堂史为县试时间移长汀县正堂黄

收藏者：天津市教育招生考试院

年　代：同治六年（1867）

3—11 连城县正堂华为县试时间移长汀县正堂黄

收藏者：天津市教育招生考试院

年　代：同治六年（1867）

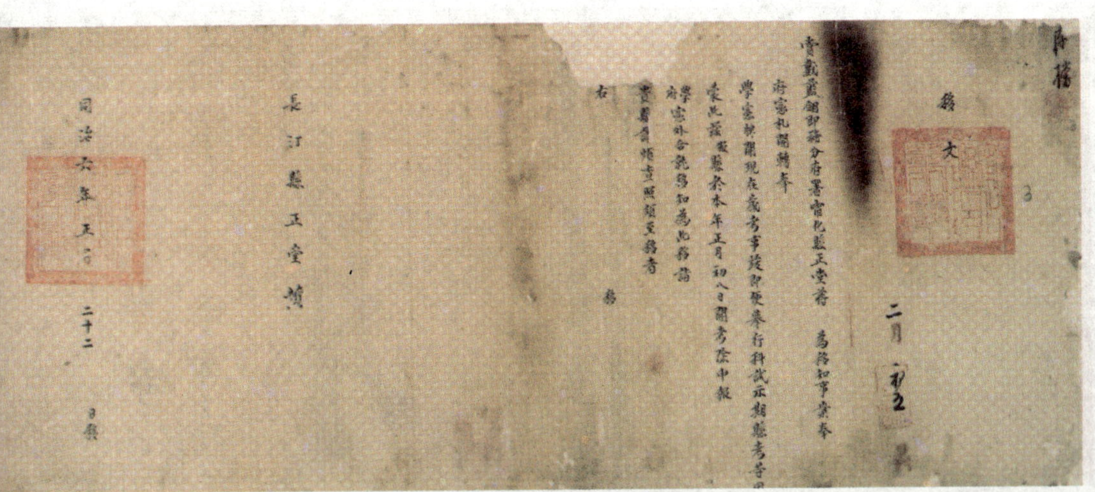

3—12 宁化县正堂蒋为县试时间移长汀县正堂黄

收藏者：天津市教育招生考试院

年　代：同治六年（1867）

3—13 清流县正堂周为县试时间移长汀县正堂黄

收藏者：天津市教育招生考试院

年　代：同治六年（1867）

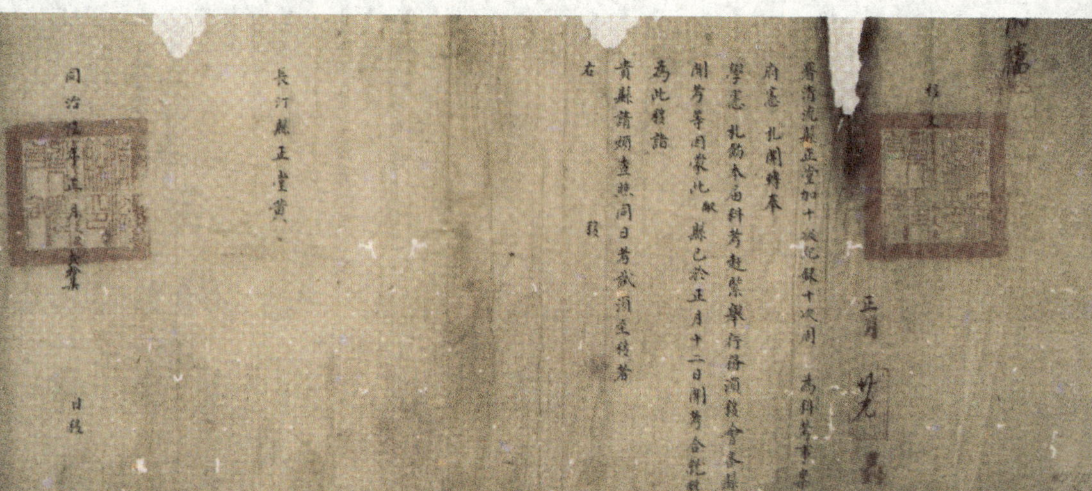

署清流縣正堂加十級紀錄十次周　為移科考事案蒙

府憲　札開轉奉

學憲　札飭本屆科考趕緊舉行務須飭令各縣同

開考等因蒙此　敝縣已於正月十二日開考合就移會

為此移諮

貴縣請煩查照同日考試須至移者

右　　　　移

長汀縣正堂黄

同治陸年正月　　日移

尽管清廷要求各府所辖县的县试同日进行，然而在实际操作过程中，各县县试的时间并不相同。此文书记载的武平县县试时间为同治六年正月初九日，永定县为正月十八日，上杭县为正月十二日，宁化县为正月初八日，连城县为正月初□，归化县为正月初八日，清流县为正月十二日。在此七县中，仅有归化县与长汀县的预定时间是一致的，即正月初八。

3—14 长汀县为考试文童正场及覆试、补考题详府宪

收藏者：天津市教育招生考试院

年　代：同治六年（1867）

县考由知县主考。考试一般分五场，第一场为正场，最为重要。其后为覆试，亦称招覆。第二场为初覆，第三场为再覆，第四、五场连覆。亦有考四场者，只三覆，或考六七场，多至五、六覆，各地不一。考试内容在清初屡有变更，至乾隆五十二年（1787）规定，正场考《四书》文一道，《五经》文一道，五言六韵试帖诗一首。覆试的考试内容各地并不统一。

此为长汀知县向汀州府呈报县试考题之公文。此年长汀县试正场已冠和未冠的《四书》文一道，《五经》文各一道，五言六韵诗一首，默写《圣谕广训》一段。初覆书题、经题各一，五言六韵诗一首。再覆书题、性理各一，五言六韵诗一首。三覆书题、赋题各一。四覆书题一道，五言六韵诗一首。招覆为书题一道，诗题一道。此外，还有两次补考题。

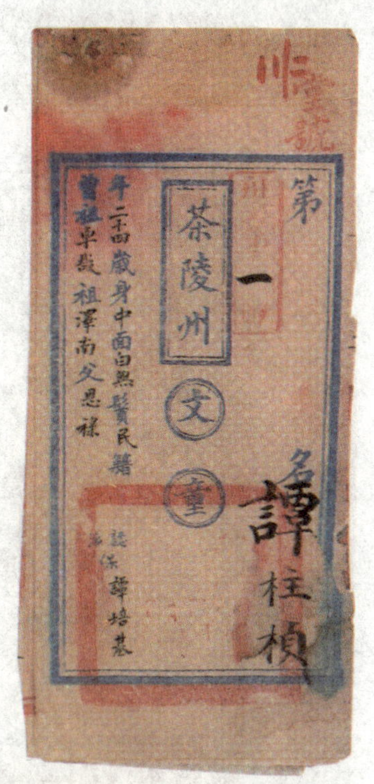

號

第 一

茶陵州

文 童

名 譚柱楨

年二十四歲身中面白無鬚民籍

曾祖卑敬 祖澤南 父恩祿

認保 譚培基

3—15 茶陵州文童谭桢柱正场试卷（1）

3—16 茶陵州文童谭桢柱正场试卷（2）

收藏者：中国书院博物馆

年　代：清代（1644—1911）

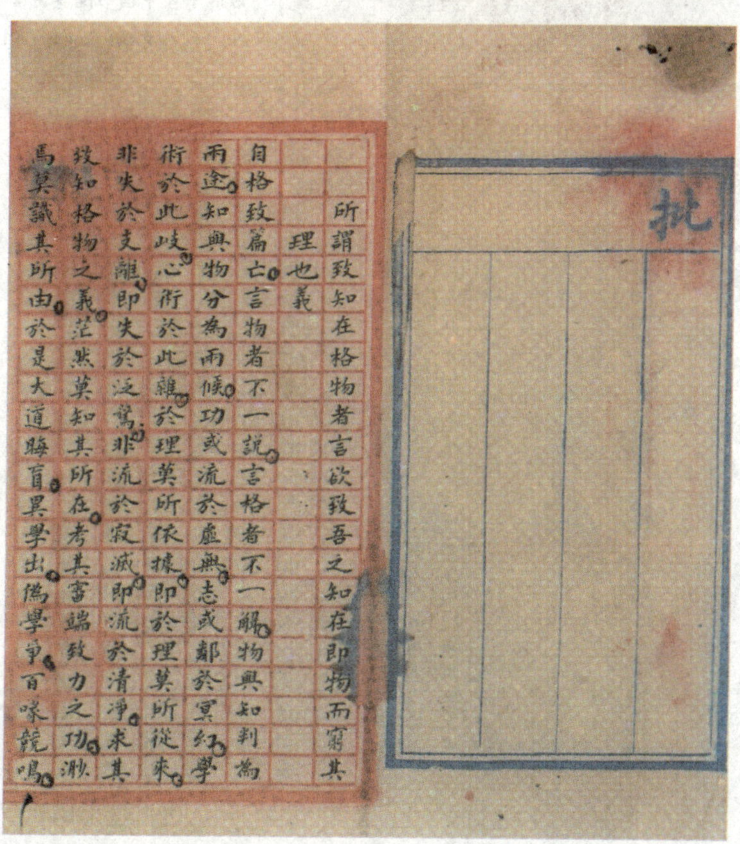

批

所謂致知在格物者言欲致吾之知在即物而窮其

理也義

自格致篇亡言物者不一說言格者不一解物與知判為

兩途知與物分為兩候功或流於虛無志或鄙於冥幻學

術於此歧心術於此離於理莫所依據即於理莫所從來

非失於支離即失於泛騖非流於寂滅即流於清淨求其

致知格物之義茫然莫知其所在考其寓端致力之功渺

焉莫識其所由於是大道晦盲異學出偽學爭百喙競鳴

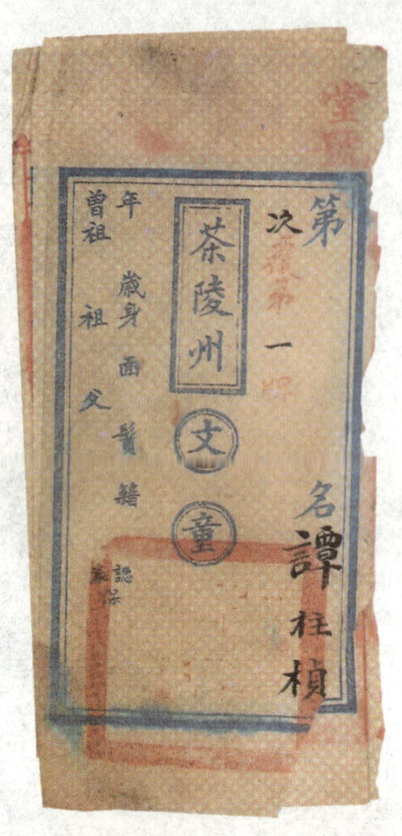

第　次　覆第一場

茶陵州

文童

名　譚柱楨

年　歲　身　面　鬚　籍

曾祖　祖　父

認保　廪保

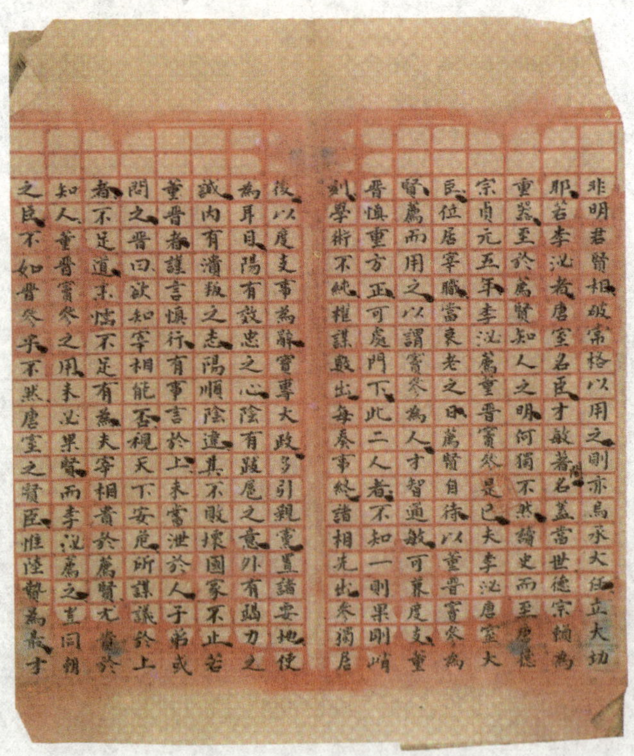

非明君賢相破常格以用之則亦烏承大任立大功耶若李泌者唐室名臣才敏著名蓋當世德宗頼為重器至於薦賢知人之明何獨不然稽史而至唐德宗貞元五年李泌薦董晉竇參是已夫李泌唐室大臣位居宰職當衰老之日薦賢自待以董晉竇參為賢薦而用之以謂竇參為人才智通敏可兼度支董晉慎重方正可處門下此二人者不知一則果剛峭刻學術不純權謀敢出每奏事終諸相先出參獨居後以度支事為辭實專大政多引親黨置諸要地使為耳目陽有效忠之心陰有跋扈之意外有竭力之誠內有濟叛之志陽順陰違其不敢壞國家不止若董晉者謹言慎行有事言於上未嘗泄於人子弟或問之晉曰欲知宰相能否視天下安危所謀議於上者不足道不惜不足有為夫宰相貴於薦賢尤貴於知人董晉竇參之用未必果賢而李泌薦之豈同朝之臣不如晉參乎不然唐室之賢臣惟陸贄為最才

3—17 茶陵州文童谭桢柱次覆试卷（1）

3—18 茶陵州文童谭桢柱次覆试卷（2）

收藏者：中国书院博物馆

年　代：清代（1644—1911）

3—19 茶陵州文童谭桢柱三覆试卷（1）

3—20 茶陵州文童谭桢柱三覆试卷（2）

收藏者：中国书院博物馆

年　代：清代（1644—1911）

童生县试卷由本县署礼房备办，为红格纸，每页14行，每行18字，共十数页，附草稿纸。卷面印一个框、二个圈。方框写府州县名。上方圈中，生员写廪、增、附等信息，童生填文童或武童。下方圈中，写习某经。接缝处上、下方分别钤盖提调、教谕印信。卷面加浮票，写考生姓名，粘贴在下方圈之下，旁边留少量空间，以便填写座号。院试卷由学政案临之地的府置办，格式与县试卷相同。一般来说县试的考生信息都是写在答题纸封面之上。

此为茶陵州童生谭桢柱的县试正场、次覆、三覆试卷。正场试卷首页右侧有“县考第二牌”字样，左侧有“年二十四岁。身中。面白。无须。民籍。曾祖卓哉，祖泽南，父恩禄。认保、派保：谭培基”等字样。

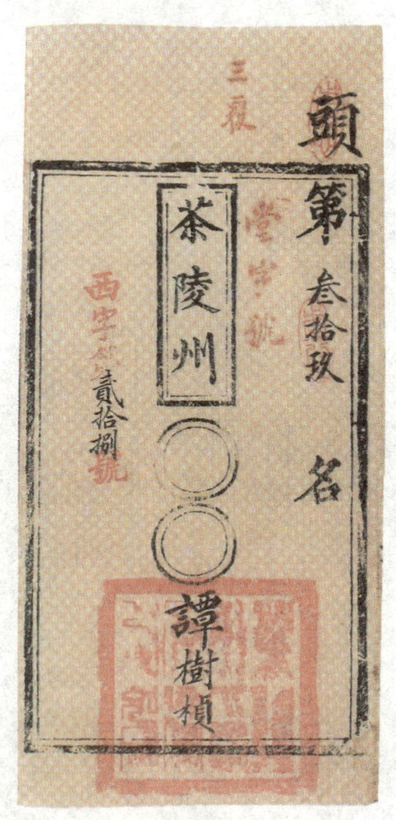

頭

第叁拾玖名

茶陵州

譚樹楨

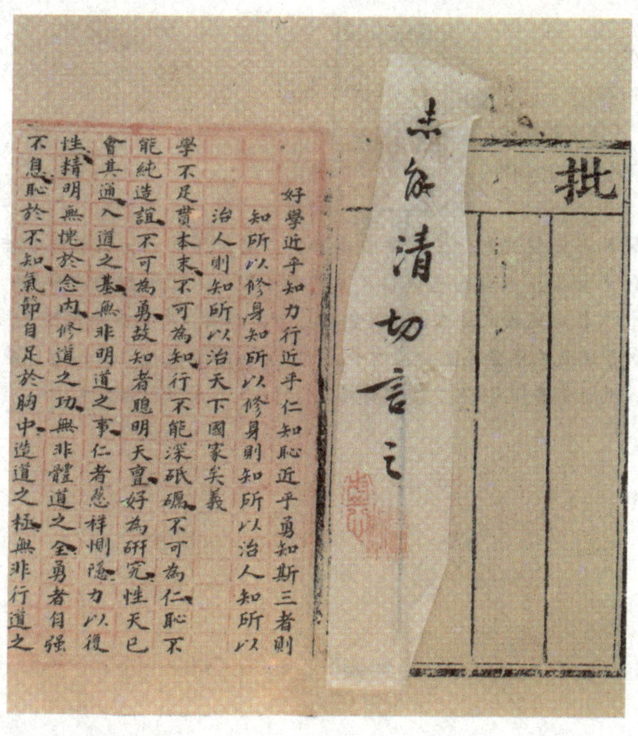

批

好學近乎知力行近乎仁知恥近乎勇知斯三者則知所以修身知所以修身則知所以治人知所以治人則知所以治天下國家矣義學不足貫本末不可為知行不能深砥礪不可為仁恥不能純造詣不可為勇故知者聰明天亶好為研究性天已會其通入道之基無非明道之事仁者怵惕惻隱力以復性精明無撓於念內修道之功無非體道之全勇者自強不息恥於不知氣節自足於胸中造道之極無非行道之

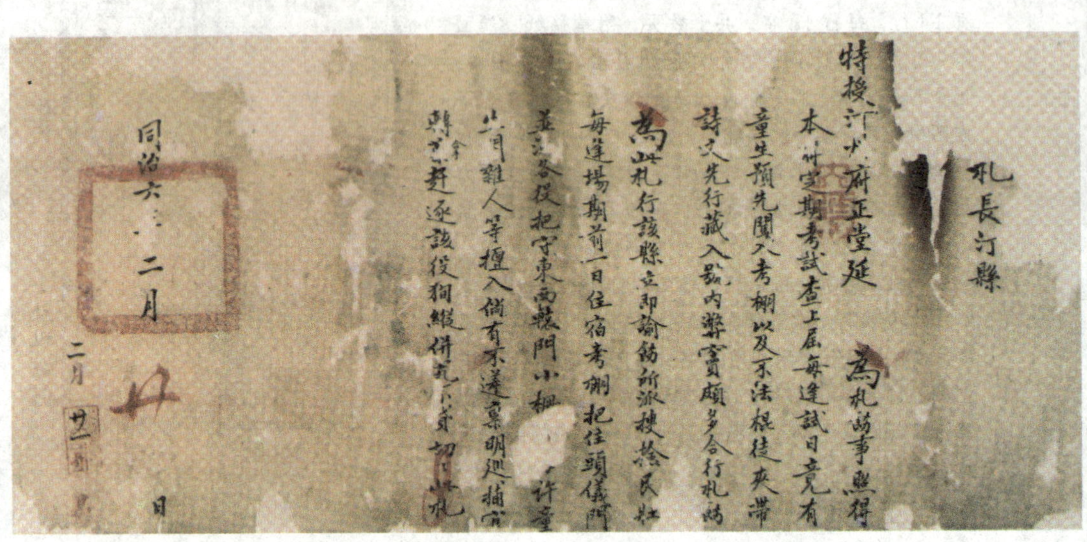

札長汀縣

特授汀州府正堂延　為札飭事照得

本府定期考試查上屆每逢試日竟有

童生預先闖入考棚以及不法棍徒夾帶

詩文先行藏入號內弊竇頗多合行札飭

為此札行該縣立即諭飭所派捕役民壯

每逢場期前一日住宿考棚把住頭儀門

並派各役把守東西轅門小柵[illegible]許童

生閑雜人等擅入倘有不遂察明定行[illegible]

縣[illegible]趕逐該役徇縱併究不貸切[illegible]札

同治六年二月

二月廿[illegible]日

3—21 长汀县关于试卷价申文

收藏者：天津市教育招生考试院

年　代：同治六年（1867）

县署礼房提供试卷时，需要收取卷价。卷价不仅包括试卷的制作成本，还有童试期间考场工作人员的吃饭以及杂费等不能纳入正项报销的费用。雍正十一年（1733），清廷规定童试每本试卷定价为三分。然而，各地并未严格遵照执行，以出卖试卷敛财的现象屡禁不止。此次长汀知县规定每名考生上交的卷价是14文，518名考生，共计缴卷价7952文（实际应为7252文，疑书写错误）。

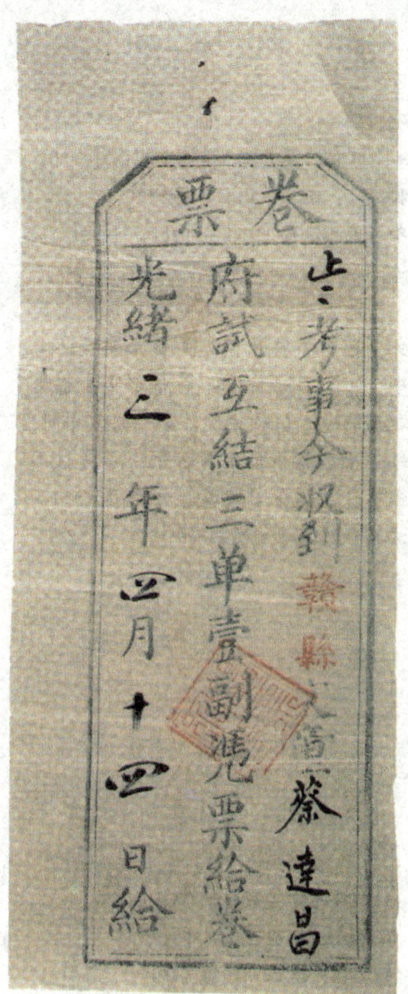

卷票

上考第一今收到贛縣文童蔡達昌

府試互結三單壹副憑此票給卷

光緒三年四月十四日給

3—22 府试卷票

收藏者：中国书院博物馆

年　代：光绪三年（1877）

府试由各府的知府（各直隶州的知州、直隶厅的同知）主考，在府衙门所在地的考棚或试院举行，一般为农历四月，即县试结束的一两个月之后。府试前一个月公布考试日期，程序、内容与县试基本相同。府试通过者有资格参加院试。卷票是考生领取试卷答题纸的凭据。此为赣县蔡达昌府试卷票。

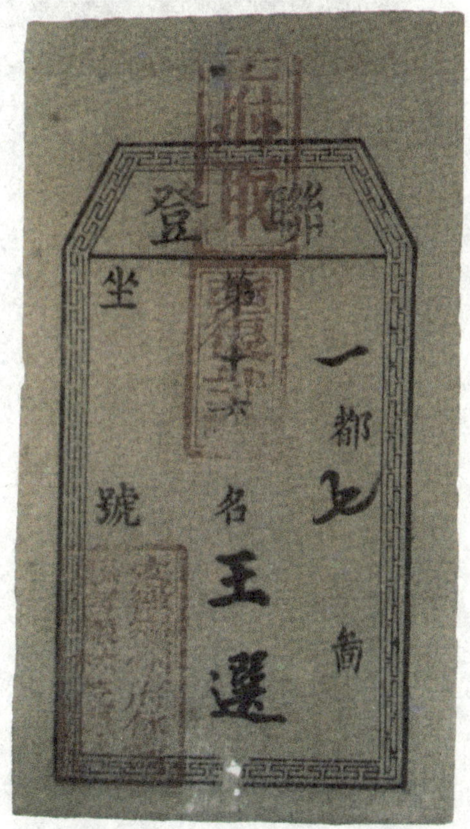

聯登

一都上啚　名　王選

坐　號

3—23 休宁县童生王选府试覆试联登单

收藏者：南京中国科举博物馆

年　代：清代（1644—1911）

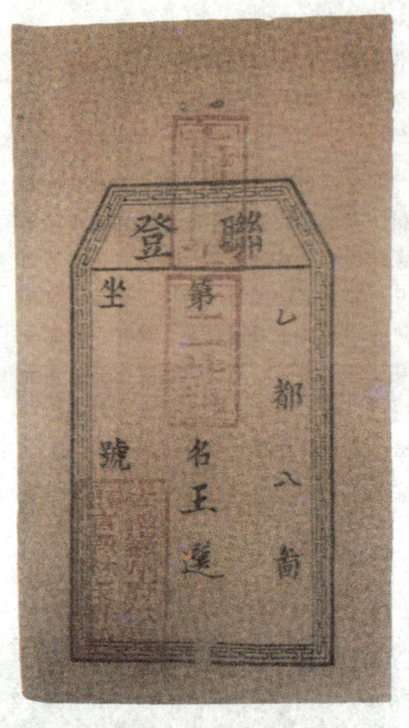
聯登

七都八啚

名王選

坐號

3—24 休宁县童生王选府试三试联登单

收藏者：南京中国科举博物馆

年　代：清代（1644—1911）

除县试录取者有资格参加府试之外，因为特殊原因没有参加县试的考生，可以补试一场，合格者也有资格参加府试。府试场次与县试基本相同，每一场合格者即有参加下一场考试的资格。此为休宁县童生王选覆试和三试合格的凭证。

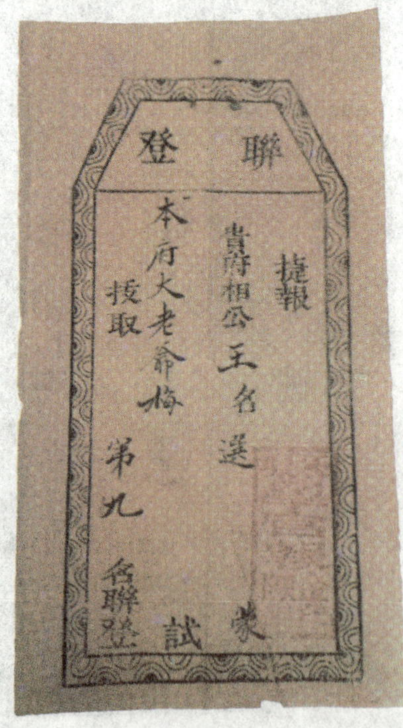
聯登

捷報

貴府相公王名選蒙

本府大老爺梅試

拔取第九名聯登

3—25 休宁县童生王选府试捷报

收藏者：南京中国科举博物馆

年　代：清代（1644—1911）

府试之命题、阅卷，均由知府亲自进行，不得假手他人。府试竞争极为激烈，有“府关”之名。府试录取之第一名称“府案首”，院试必定会录取为生员。此为休宁县童生王选府试被取中的捷报。

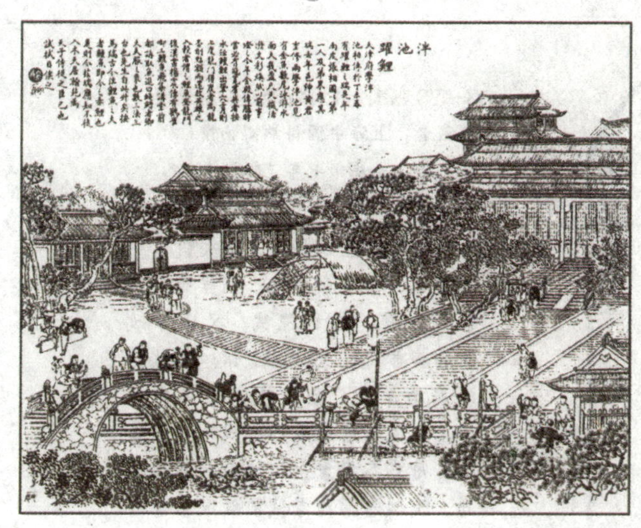

3—26 泮池跃鲤图

来源：《吴友如画报·古今谈丛图》，宣统二年（1910）

此图描绘天津府学泮池有鲤鱼跃起，被人们认为是鲤鱼跃龙门的吉兆。果然，在这一年的顺天乡试中，来自天津府的张之洞以第一名高中举人。

3—27 湖南学政观风题目

收藏者：湖南图书馆

年　代：清代（1644—1911）

学政案临各府州时，往往在举行院试之前，会出几道考题，让所在府州的所有读书人自由选择题目作答。考完之后交给学政，由学政组织阅卷，并公布考试成绩，其目的在于让学政能对这一地区的文化水平有一个大致的了解，为院试命题提供指导。此为清末湖南学政江标所命的观风题目。

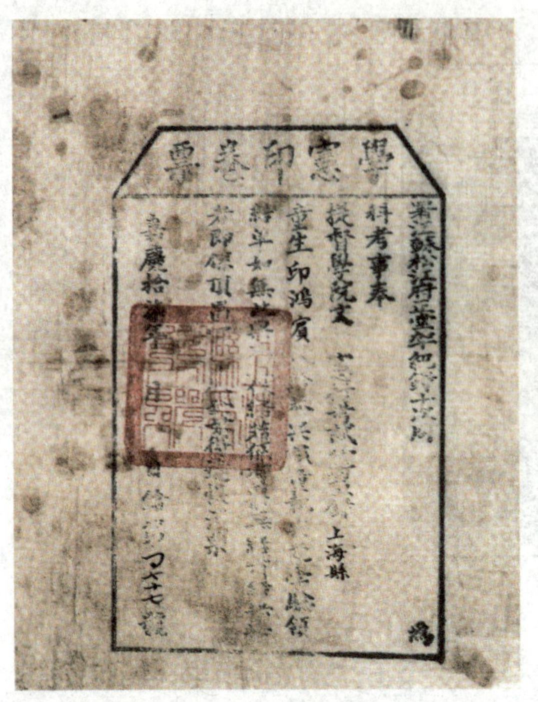

3—28 嘉庆十七年印鸿宾院试卷票

收藏者：上海中国科举博物馆

年　代：嘉庆十七年（1812）

院试是童试最后、最关键的一次考试，由学政主持。因学政别称提督学院，故称院试，又因学政曾称提学道，故又称道试。院试仍以府为单位，由学政亲临各府主考，考试该府录取的所属州县之童生，每省各府童生院试的时间均不同。院试卷票为考试前领取答卷的凭证。此为嘉庆十七年印鸿宾的院试卷票。

3—29 曹金川院试卷

收藏者：南京中国科举博物馆

年　代：清代（1644—1911）

院试一般有正场与覆试两场，乾隆二十五年（1760）规定，院试正场为《四书》文一道，《五经》文一道，五言六韵试帖诗一首；覆试为《四书》文一道，论题一道，五言六韵诗一首，并默写《圣谕广训》一二百字。此为曹金川的院试卷。

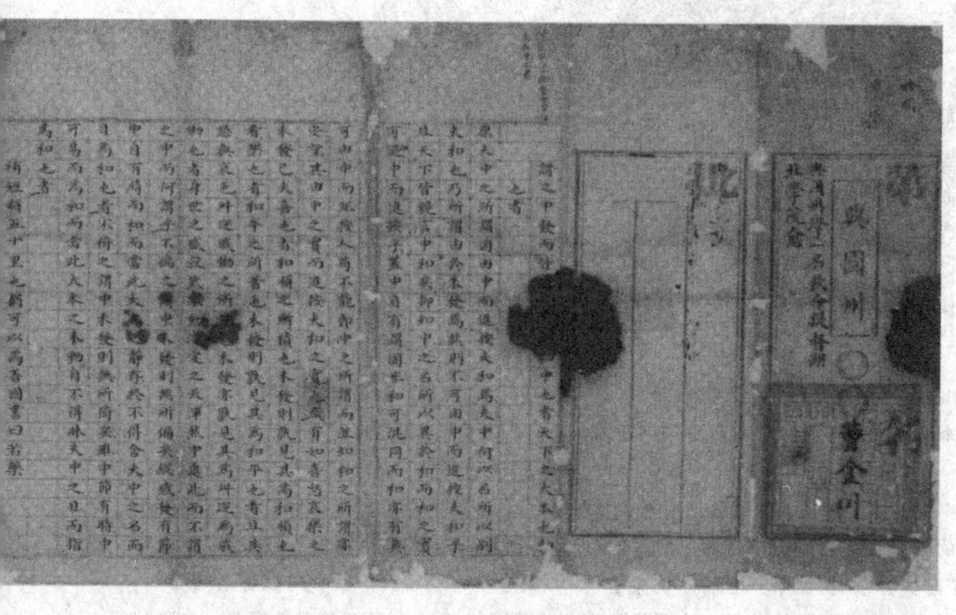

3—30 童试团案

收藏者：江苏泰州学政试院博物馆

年　代：清代（1644—1911）

县试、府试、院试每场考试结束后，均公布本场录取童生的考号，由于考号以圆圈形式书写，每五十人写成一个大圆圈，第一名抬高一个字书写，位于圈的居中最高一号，其他考号则依照排名按逆时针方向书写，第五十名正好写到第一名的右边。在圆形图案中心，用红笔写一个“中”字，“中”字的一竖上长下短，使其像“贵”字头，有吉利之寓意。这种公布录取者考号的方式被称为“圈”、“团”、“图”，或者“团案”、“草案”等，有的地方称为“轮榜”、“出号”。此为清代童试团案。

3—31 案元被黜图

来源：《点石斋画报》(土集)，点石斋石印局，光绪十九年（1893）

县试、府试、院试的所有考试结束后，主考官将录取者的名次排定，以长条形的纸张公布，称为“出案”“出长案”。县试第一名称“县案首”，府试第一名称“府案首”，院试第一名称“院案首”。如果考生在县试、府试、院试都名列第一，则有“小三元”的美誉。此图描绘潮州澄海县考生请人代考考中县案首，在院试时，被学政发现是一个不学无术之徒而被黜落之事。

3—32 休宁县童生王选院试捷报

收藏者：南京中国科举博物馆

年　代：清代（1644—1911）

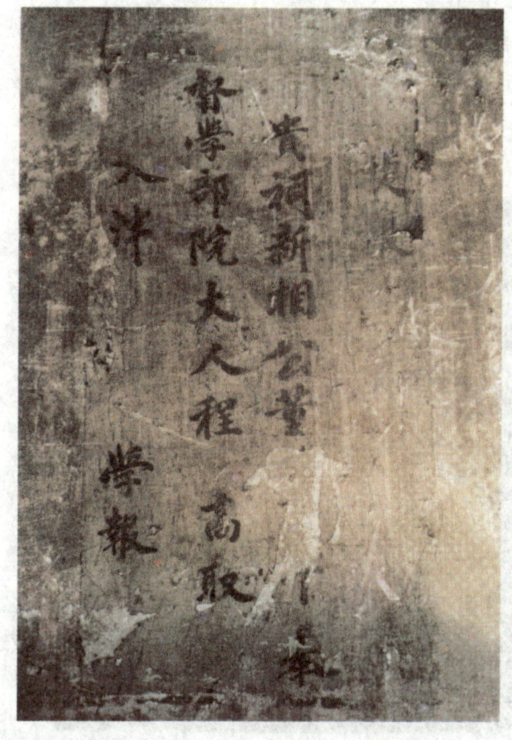

3—33 院试捷报

收藏者：江西乐安流坑村大宗祠

年　代：清代（1644—1911）

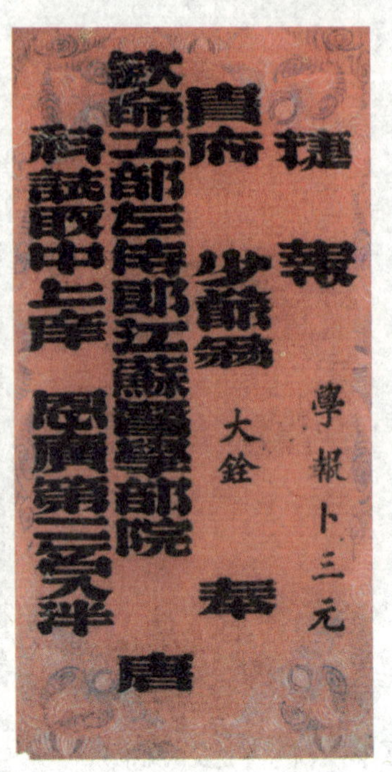

捷報
貴府 少爺翁 大銓 奉
欽命工部左侍郎江蘇學政部院
科試取中上庠 昆廣第三名入泮
唐
學報卜三元

3—34 翁大铨中生员捷报

收藏者：上海中国科举博物馆

年　代：清代（1644—1911）

由学政主持的院试的录取者称生员，又称庠生、茂才、博士弟子员、诸生，俗称秀才。生员是一种终身的资格，也是士子在科举生涯中获得的第一级身份。院试第一名者称院案首、案元。此为王选、董某、翁大铨考中生员的捷报。

3—35 廪生领取生活物资的凭证

收藏者：南京中国科举博物馆

年　代：清代（1644—1911）

明清时期，生员才有进入府、州、县学学习的资格。生员入官学学习称为入泮，也称游庠、采芹。官学的生员分为廪生、附生和增生三种。此为廪生每月领取油、盐、柴等生活物资的凭证。

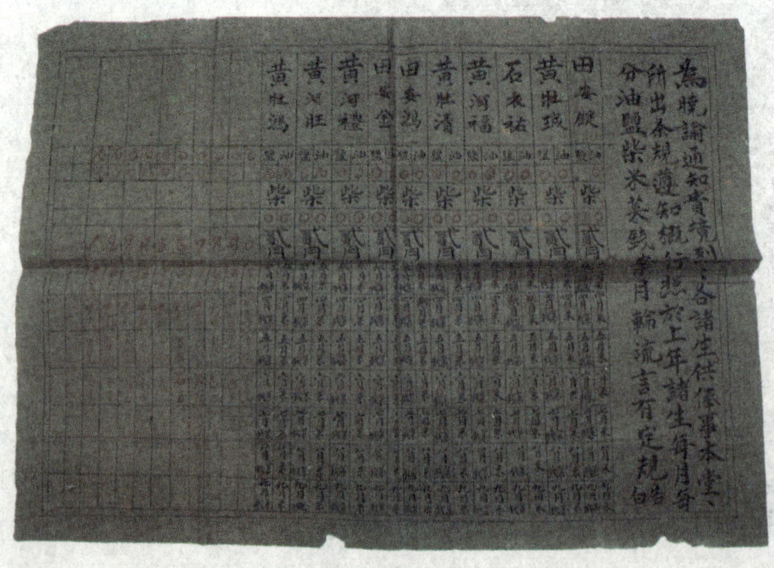

3—36 秀才像

来源：MemoiressurlaChine, Pierre—Henri—Stanilasd'EscayracDeLauture, 1865

3—37 穿蓝衫的秀才

来源：EtienneZi(siu), PratiquedesexamenslittérairesenChine, 1894

3—38 雀顶

收藏者：南京中国科举博物馆

年　代：清代

生员与举人、进士一样都是终身资格，也是士子在科举生涯中获得的第一级功名。清代秀才衣冠有明确的规定：袍为蓝绸青缘，冠用镂花银座，上衔银雀。披领为袍式。公服与文九品朝带相同。雀顶置于秀才、举人冠顶。

3—39 安徽省休宁县朱瑞璧岁科试成绩单

收藏者：上海中国科举博物馆

年　代：清代（1644—1911）

清代学政案临各地时，先进行生员岁试、科试，再进行院试。学政案临结束之后，应向府、州、县学下发院试录取名单或者岁试黜陟名单，上列生员姓名、籍贯、名次，以及进入府州县学的名称等，分发给生员。此为休宁县生员朱瑞璧岁试成绩的记录单。

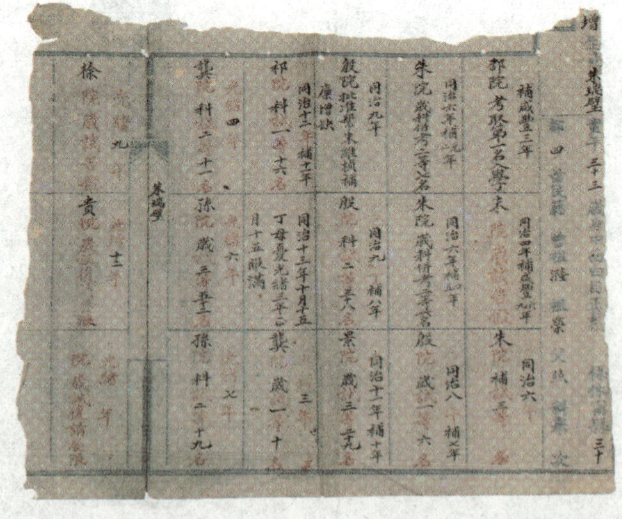

3—40 蒙师难做图

来源：《点石斋画报》(元集)，点石斋石印局，光绪二十三年（1897）

此图描绘武清县生员方某任私塾教师时，没有学生前来就读，他找知县诉苦，结果被知县要求回答《四书》中的两个问题，方某漠然不知所云，于是知县认为他这样的水平招收不到学生是理所当然的。

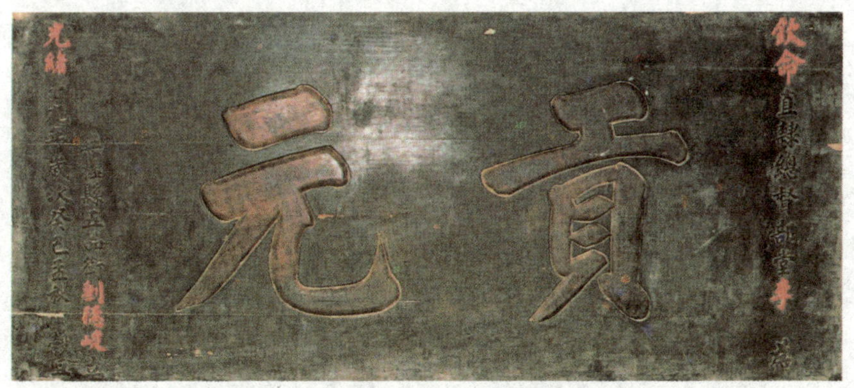

3—41 李鸿章题“贡元”匾

收藏者：北京励志堂科举匾额博物馆

年　代：光绪十九年（1893）

生员可以通过选拔，成为国子监生。此匾上款为“钦命直隶总督部堂李为”。下款为“无极县五品衔刘德峻立。光绪十九年岁次癸巳孟秋穀旦”。此匾系晚清名臣李鸿章为贡生刘德峻题写。

四
乡试

乡试又称乡举、乡闱、秋闱、秋试、大比，是清代在两京及各省省会举行的选拔举人的考试。因采取分省考试、分省录取，与上古的乡举考试有形似之处，因此称乡试。乡试是明清时期参加人数最多的正式科举考试，也是改变明清士人命运的最关键的考试。乡试的录取者称举人，第一名称解元。

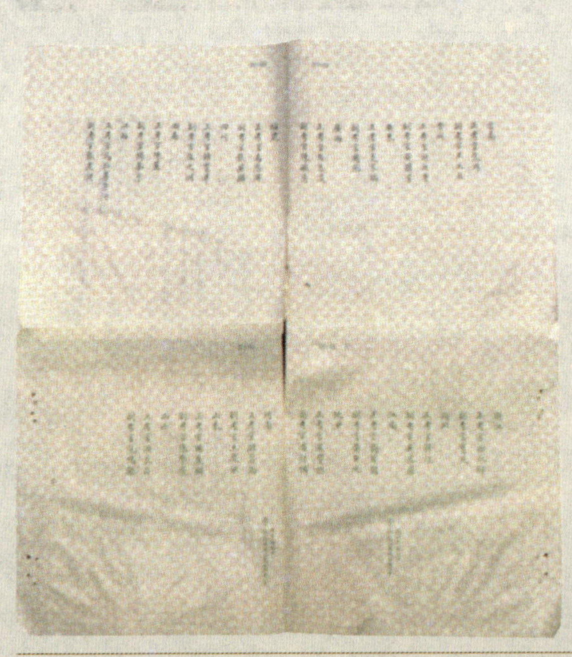

4—1 各省乡试正副考官名单

收藏者：中国第一历史档案馆

年　代：同治十二年（1873）

明清考官分主考官和同考官，主考官负责命题和确定录取名单，同考官承担具体的阅卷任务，并向主考官推荐优秀试卷。清乡试主考官一律由京官出任，每省任命主考官两名，一正一副。唯有顺天乡试的主考官数量多于各省，多为一正三副。此为同治十二年各省乡试正副主考官名单。

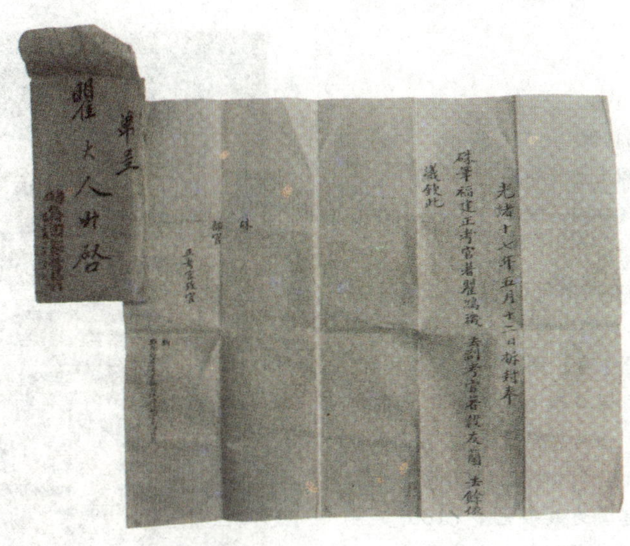

瞿大人 啟

光緒十七年五月十二日拆封奉
硃筆福建正考官著瞿鴻禨去副考官著段友蘭去欽此

4—2 任命瞿鸿机等为福建乡试主考官谕令

收藏者：南京中国科举博物馆

年　代：光绪十七年（1891）

主考官一律由京官出任。主考官之简派，清初由各省巡按御史先期题请，礼部将应差者先后疏名上请。乾隆十二年（1747），改由礼部届期照例题请。各省钦点主考官的时间根据离京城路程的远近而不同。此为任命瞿鸿机、段友兰为光绪十七年福建乡试正副主考官的谕令，任命时间为五月十二日。

4—3 辛亥恩科同考试官牌

收藏者：中国书院博物馆

年　代：咸丰元年（1851）

4—4 陕西同考官牌

收藏者：北京励志堂科举匾额博物馆

年　代：清代（1644—1911）

同考官指在科举考试中协同主考官阅卷官员的统称，又称同考试官。因同考官在贡院内各居一房，故有房考官、房官、房考之名。顺天乡试的同考官由皇帝钦定，最初定为20人，后定为18人，称为十八房。其他各省同考官人数不等。辛亥恩科同考试官匾为咸丰元年（1851）辛亥恩科乡试同考官匾。

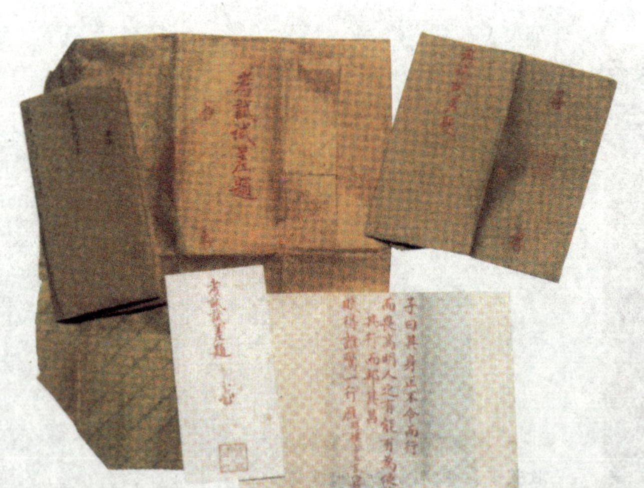

4—5 咸丰十一年试差试题

收藏者：中国第一历史档案馆

年　代：咸丰十一年（1861）

4—6 礼部奏请钦点考差阅卷大臣折（附：阅卷大臣名单）

收藏者：中国第一历史档案馆

年　代：同治十二年（1873）

4—7 恭应考差图

来源：《点石斋画报》（寅集），点石斋石印局，光绪十四年（1888）

考差制度始于雍正三年（1725），是对拟派往各省担任乡试正副主考官的京官的选拔考试，目的在于考查其学识与能力，从考官环节提高科举选才的有效度。

“咸丰十一年试差试题”为咸丰十一年（1861）四月十七日考差试题。《礼部奏请钦点考差阅卷大臣折》为同治十二年（1873）五月十二日礼部奏请钦点考差阅卷大臣奏折，及所附阅卷大臣名单。“恭应考差图”描绘的是光绪十四年在保和殿举行的考差场景。

4—8 仙蝶呈祥图

来源:《吴友如画报·古今谈丛图》,上海文瑞楼书局,光绪三十四年(1908)

顺天贡院三年之中举行乡试、会试各一次。各省贡院则三年才举行一次乡试,使用率非常低,加之贡院又是砖瓦结构,因此每次乡试之前都需要进行维修,以便考试能正常进行。此图描绘的是维修人员进入贡院时,贡院至公堂屋顶有彩蝶飞过,他们认为这是吉兆。

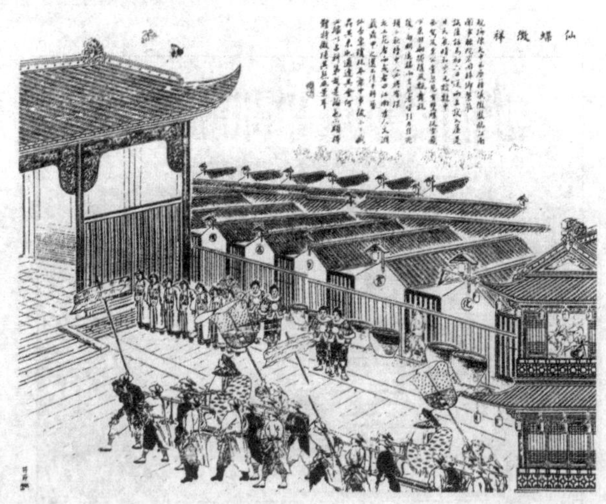

4—9 仙蝶征祥图

来源:《点石斋画报》(卯集),点石斋石印局,光绪十四年(1888)

此图描绘安徽巡抚陈大中送主考官入贡院时,看到空中有蝴蝶翩翩起舞,因而认为是此次江南乡试取中的新科举人中,必有人在明年的殿试时高中探花的吉兆。

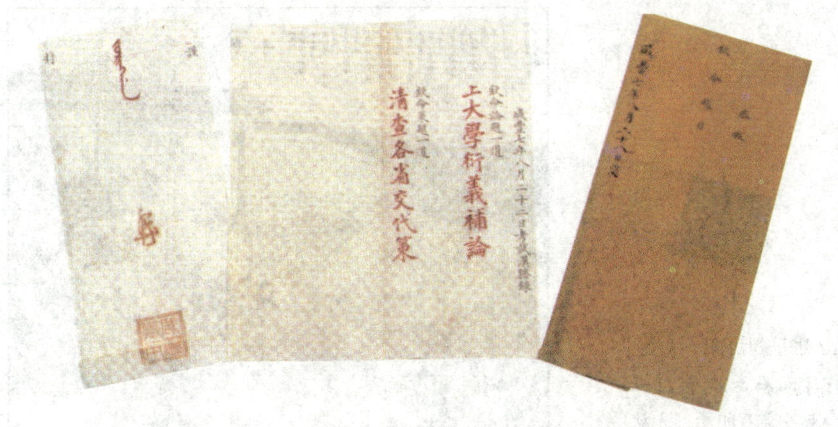

4—10 咸丰七年科场誊录书手考试试题

收藏者：中国第一历史档案馆

年　代：咸年七年（1857）

清代除考官之外，乡试、会试还有监临、提调、监试、印卷、受卷、弥封、誊录、对读、搜检等执事官员及誊录书手、对读生等，他们均在外帘工作，故称“外帘官”。誊录书手的任务是将考生的墨卷誊抄为朱卷。为保证誊录书手誊写朱卷的质量，各乡试考场的监临需要对誊录书手进行测试，合格者方有资格进贡院充当誊录书手。此为咸丰七年八月二十八日的誊录书手考试试题。

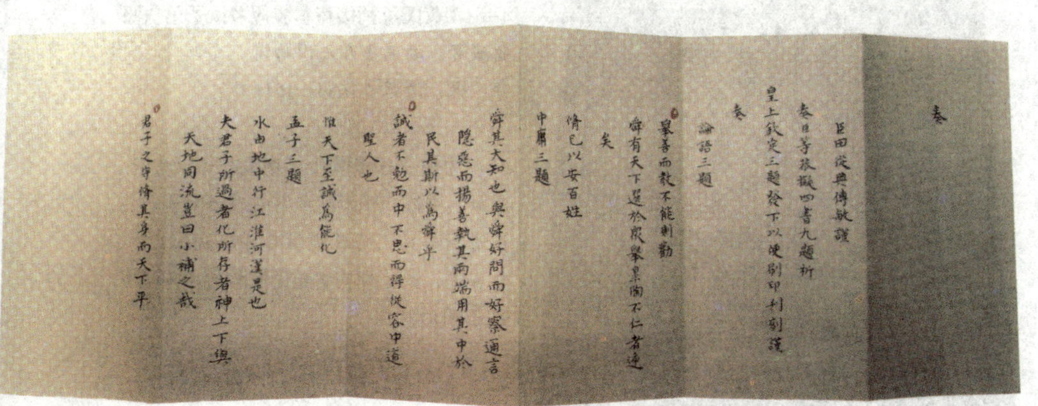

奏
臣田從典傅敏謹
奏臣等恭擬四書九題祈
皇上欽定三題發下以便刷印刊刻謹
奏
論語三題
舉善而教不能則勸
舜有天下選於衆舉臯陶不仁者遠
矣
脩己以安百姓
中庸三題
舜其大知也與舜好問而好察邇言
隱惡而揚善執其兩端用其中於
民其斯以為舜乎
誠者不勉而中不思而得從容中道
聖人也
惟天下至誠為能化
孟子三題
水由地中行江淮河漢是也
夫君子所過者化所存者神上下與
天地同流豈曰小補之哉
君子之守脩其身而天下平

4—11 雍正二年顺天乡试主考官田从典等恭请皇上钦定《四书》题奏折

收藏者：中国第一历史档案馆

年　代：雍正二年（1724）

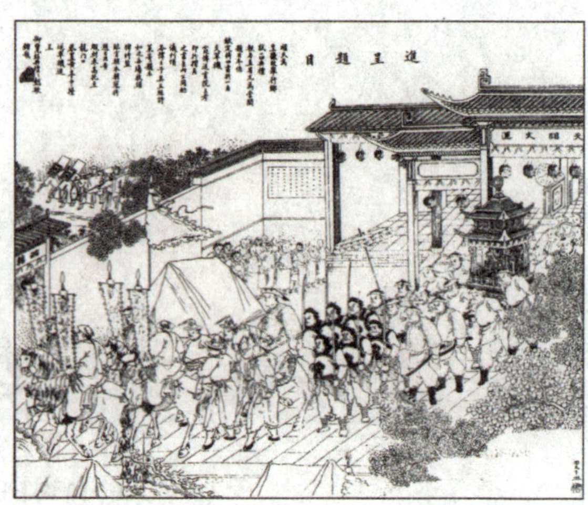

4—12 进呈题目图

来源：《点石斋画报》(戊集)，点石斋石印局，光绪十一年(1885)

顺天乡试及会试的头场《四书》文试题由皇帝在《四书》中折一角，让军机处转交给贡院的主考官，主考官则在此页中选择文字进行命题。头场试帖诗和二、三场考题则由考官拟定。为监督和审查考官的命题，顺天乡试二、三场试题需在每场考试结束后，由贡院监临官呈送给军机处，军机处再进呈给皇帝御览。此为雍正二年(1724)顺天乡试主考官田从典恭请皇帝钦定《四书》题之奏折。《点石斋画报》对此亦有表现。

4—13 黄氏总祠接待本族应乡试子弟执照

收藏者：湖南省开元博物馆

年　代：清代(1644—1911)

为使士子能安心、顺利应试，官府、家族、书院、民间组织等往往会对士子应试进行资助，为其提供部分应试的旅费、卷资等，此为湖南黄氏总祠接待本族应乡试子弟的执照。

4—14 保宁知府严禁乡试期间沿途宿店勒索士子札

收藏者：四川省南充市档案馆

年　代：清代（1644—1911）

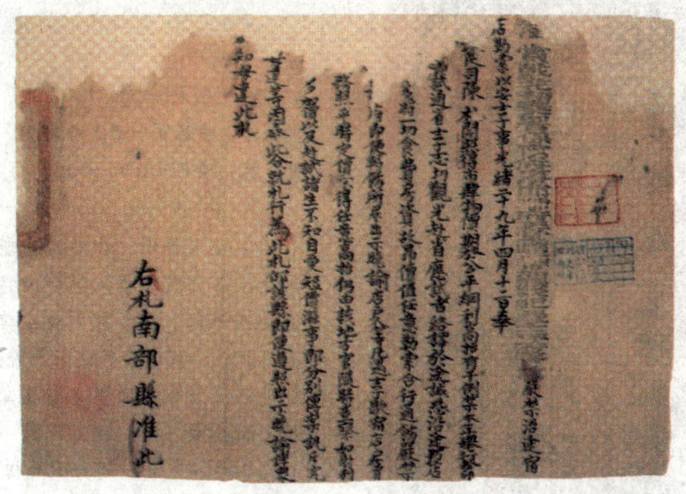

右札南部縣准此

清代乡试应试者是通过科试、录科、录遗和大收的生员、贡监生及其他杂项人员，其中生员是主体。由于乡试在省城举行，应试者需从各地长途跋涉至省城，旅费不菲。保宁知府严禁乡试期间沿途宿店勒索士子札，其中明确规定各旅店需要照平时定价，不得任意涨价，以保护士子的利益。

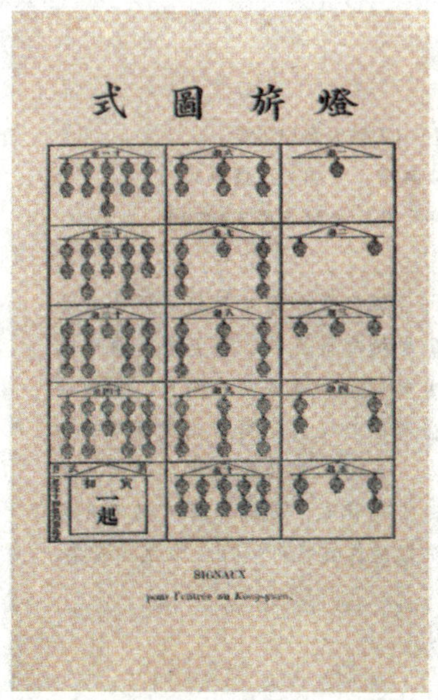

4—15 灯旗式样图

收藏者：EtienneZi(siu), Pratiquedesexamenslittérairesen Chine, 1894

因乡试、会试点名入场多自寅时（相当于凌晨4—5点）开始，此时仍为黑夜，故在贡院点名处竖立灯旗，点第一牌考生入场就悬挂一盏灯，第二牌挂二盏灯，依次递加。天亮以后，点名处另立一面大旗，上面写有某路第几起字样，点完一牌换一次字样。此为江南贡院灯旗式样图。

第叁起

東路第一牌第一名

昌平州學

廪生梁秉厚卯初聽點

4—16 生员入场点单

收藏者：中国第一历史档案馆

年　代：清代（1644—1911）

乡试入场时，为使考生能有序入场，各贡院根据入场时间将考生分为若干起。考生凭入场点单按时点名识认，经过搜检进入贡院应试。此为顺天贡院梁秉厚入场点单，其被分配为第三起，在东路第一牌第一名入场，入场时间为卯时初刻。

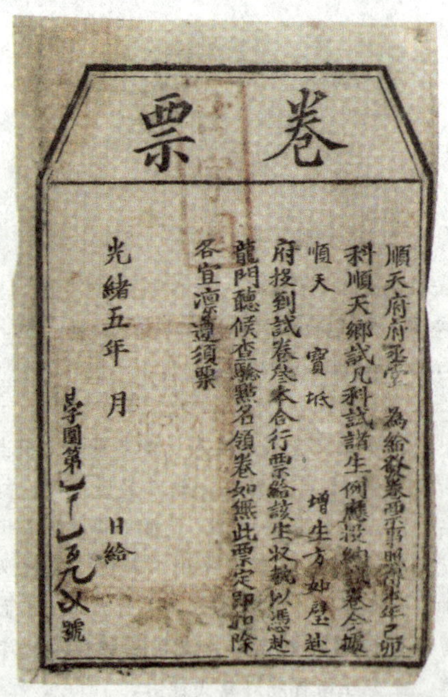
卷票

順天府府丞堂　為給發卷票事照得本年己卯

科順天鄉試凡科試諸生例應投納試卷合據

順天　寶坻　增生方如壁赴

府投到試卷合行票給該生收執以憑赴

龍門聽候查驗點名領卷如無此票定即扣除

各宜凜遵須票

光緒五年　月　日給

學圖第　號

4—17 顺天乡试卷票

收藏者：中国书院博物馆

年　代：光绪五年（1879）

凭卷票领取答题纸是防止考生代考的有效手段，也是考生查卷的重要凭证。领取答卷纸后，考生要在卷面上认真写好自己的籍贯、姓名、年龄、相貌等信息，以便入场时点名识认。此为天津宝坻考生方如壁应光绪己卯科顺天乡试的卷票。

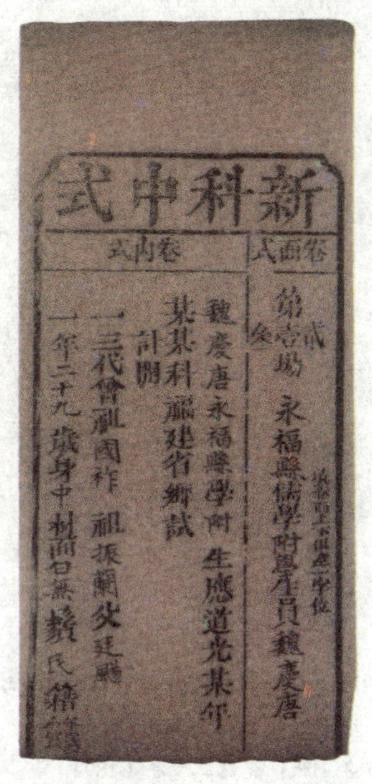

4—18 试卷上填写考生信息式样

收藏者：南京中国科举博物馆

年　代：清代（1644—1911）

此为福建永福县附生魏庆唐填写试卷上的考生信息式样，主要包括卷面格式和卷内格式两个部分。

4—19《三场程式（后附添注涂改款式）》

收藏者：南京中国科举博物馆

年　代：清代（1644—1911）

自顺治二年（1645）开科，即沿明制定缮卷条规，涉及书写之格式、字体之要求、虚词之使用、涂抹之限制、卷面之污染。其后又不断充实完善，且增加了抬写、避讳、添注涂改等重要内容，使有清一代之缮卷条规既繁琐又严苛。此书不仅摘录了《钦定科场条例》中关于三场考试的基本规定，而且还附了缮卷过程中的“添注涂改款式”，是考生必备的参考书。

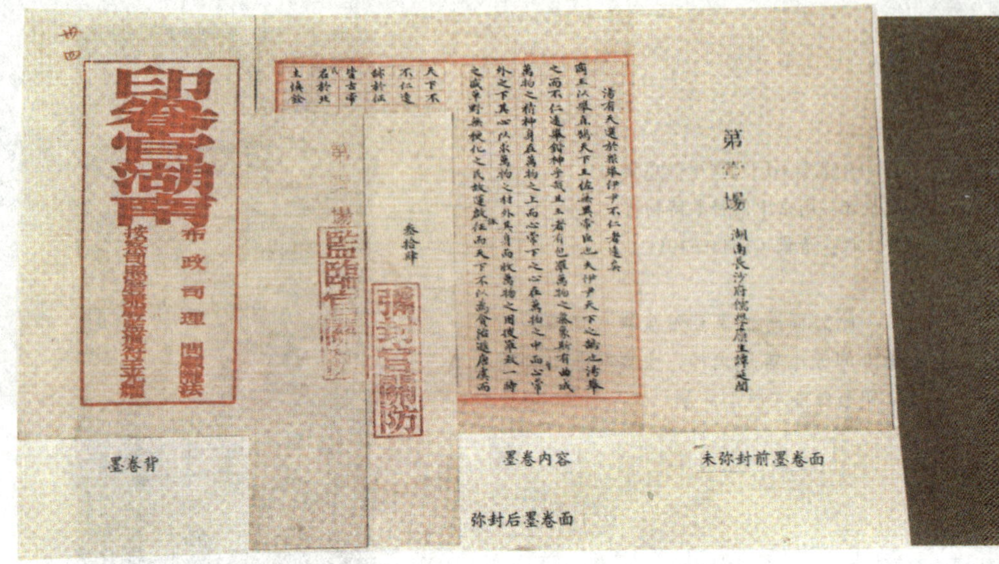

4—20 弥封后的光绪甲午科湖南乡试墨卷

收藏者：上海中国科举博物馆

年　代：光绪二十年（1894）

明清考官均不得直接批阅墨卷，只能批阅朱卷，目的在于防止考官因识别字迹徇私。弥封又称封弥、糊名，自北宋开始实行，是指考生交卷之后，密封或者截取卷头，编成字号，送誊录所抄成朱卷。贡院设立弥封所，置弥封官，负责对试卷进行弥封、编号和用印。此为光绪二十年甲午科湖南乡试弥封后的墨卷，其上钤盖“弥封官关防”印，考生为湖南长沙府儒学廪生谭延闿。

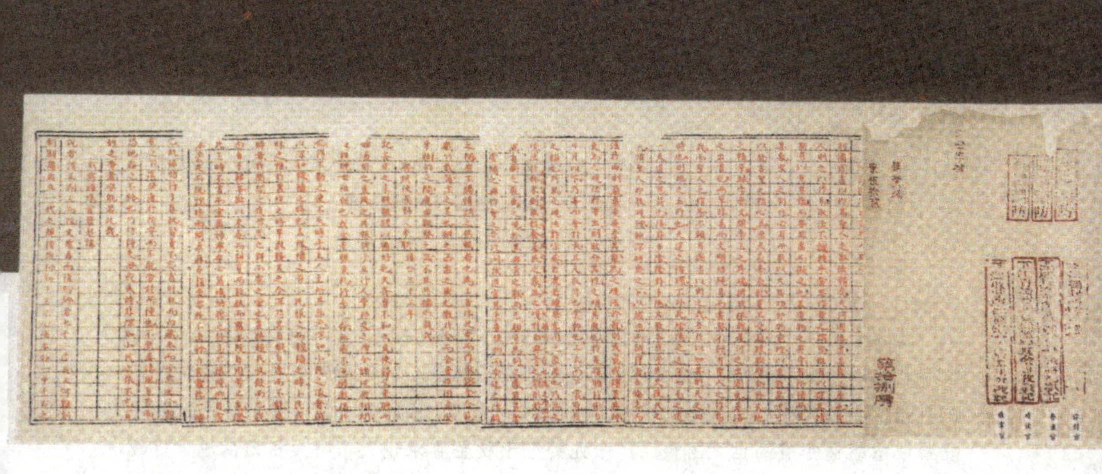

4—21 江南乡试朱卷

收藏者：上海中国科举博物馆

年　代：清代（1644—1911）

弥封后的墨卷由誊录书手用朱笔誊录一遍，称为朱卷，朱卷是墨卷的副本。由对读生对读后的朱卷送给内帘考官评阅，以消除因识别考生笔迹徇私阅卷的弊端。乾隆三十三年（1768）规定：考生在第二场考试时，誊写好本场答卷之后，还需按照考官的要求默写第一场八股文的一部分内容，或首艺、次艺，或小讲，或起比，或中后半篇，或试帖一首等，以防止考生代考。此份朱卷即有“默写头场首艺起讲”字样。

4—22 光绪二十九年癸卯恩科江南乡试第一场墨卷
收藏者：南京中国科举博物馆
年　代：光绪二十九年（1903）

此为光绪二十九年（1903）癸卯恩科江南乡试第一场墨卷。此次江南乡试正主考官是内阁学士杨佩璋，副主考官是外务部左丞绍昌。第一场考题是“汉武帝时征民有当世之务习先圣之术者县次续食令与计偕论”，“识时务者在乎俊杰论”，“谢安登治城悠然遐想有高世之志论”，“张九龄上千秋金鉴录论”，“明太祖诏商税毋定额论”。由于光绪二十七年（1901）之后，墨卷不再誊录为朱卷，弥封后送交考官评阅。此墨卷上有同考官以蓝笔所写批语，主考官墨笔所写批语。此卷虽为同考官荐卷，但是主考官并没有予以录取。

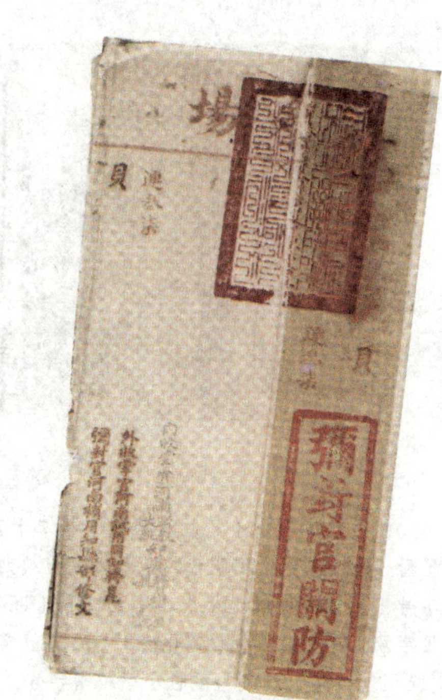

4—23 刘梦楼乡试墨卷（1）

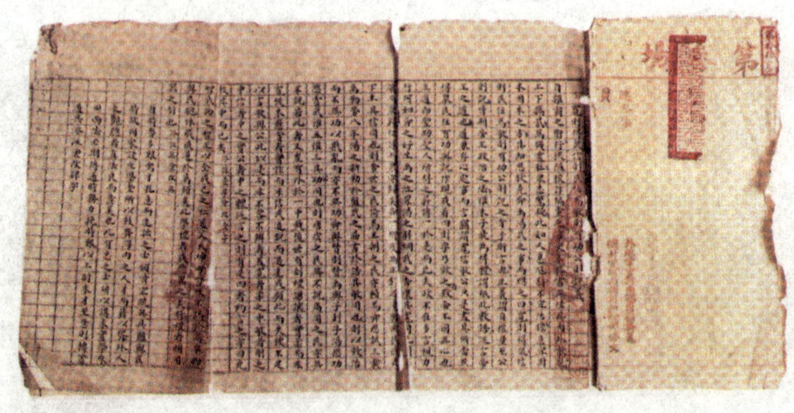

4—24 刘梦楼乡试墨卷（2）

4—25 刘梦楼乡试墨卷（3）

收藏者：厦门大学刘海峰教授

年　代：光绪二十九年（1903）

此为直隶深州士子刘梦楼应光绪二十九年（1903）癸卯恩科顺天乡试第三场墨卷。清代基本沿用明代乡试录取考生编列字号，分配录取名额的做法，以确保各字号士子均有中式之机会。顺治二年（1645）规定，顺天乡试时，直隶生员编为贝字号，宣府镇（后改宣化府）生员编旦字号，奉天府学生员编夹字号。康熙八年（1669）规定，满洲、蒙古士子编满字号，汉军编合字号。乾隆四十四年（1779），承德府士子编承字号。国子监贡监生编为皿字号。此份试卷的卷面左上角有“贝”字，说明刘梦楼为直隶考生。

4—26 交卷照票

收藏者：中国书院博的馆

年　代：清代（1644—1911）

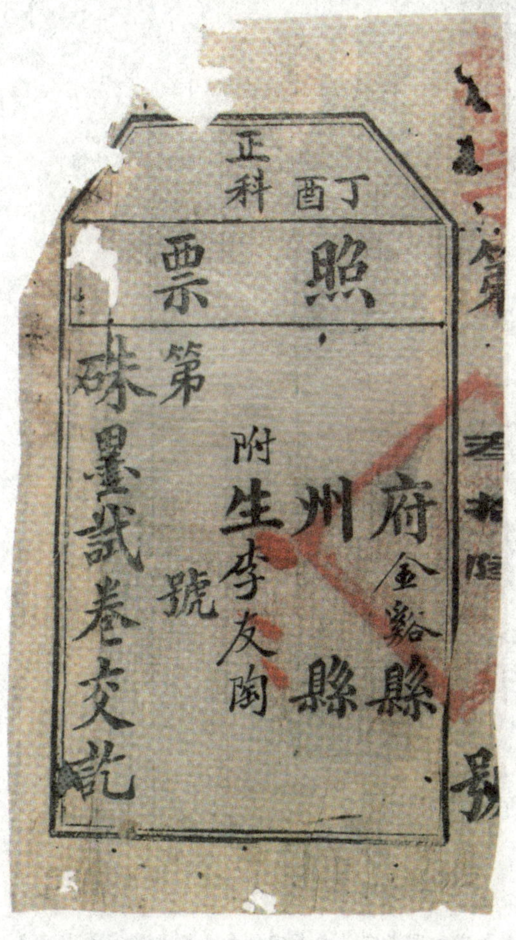

丁酉正科

照票

金谿府　縣

州　縣

附生李友陶

第　號

硃墨試卷交訖

清代乡试、会试考生交卷时，受卷官在仔细检查考卷，并核对考生的身份后发给考生照票，目的是确认该试卷为考生本人作答，防止考生代考。此为丁酉正科金溪县附生李友陶交卷照票。

4—27 收卷簿（1）

4—28 收卷簿（2）

收藏者：上海中国科举博物馆

年　代：清代（1644—1911）

明清考官分主考官和同考官，主考官负责命题和确定录取名单，同考官承担具体的阅卷任务，并向主考官推荐优秀的试卷。同考官阅卷时，需写出八股文和试帖诗的评语，然后决定是否向主考官荐卷，如果决定荐卷，则在评语下写“荐”字，并写出荐卷的理由。此为清代某贡院第十三房收卷簿，是该同考官阅卷的详细记录。

4—29 乡试落卷

收藏者：南京中国科举博物馆

年　代：清代（1644—1911）

同考官按拟定额数将拟取之卷呈主考，称为“荐卷”，俗名“出房”，其上应批“荐”字，经正副主考取中之卷为“中卷”，批“取中”字样。而未经同考官呈送主考官的试卷则称为“落卷”。此为某考生乡试三场落卷。

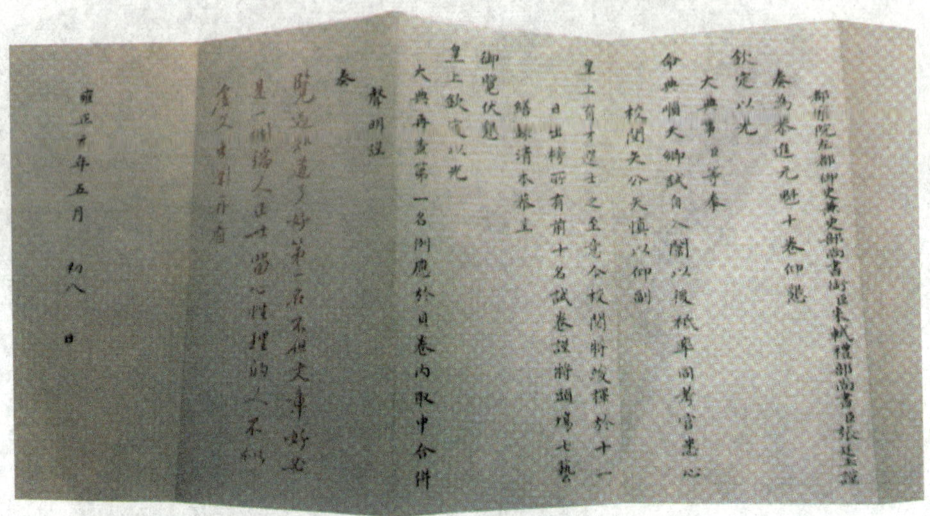

都察院左都御史兼吏部尚書銜臣朱軾禮部尚書臣張廷玉謹
奏為恭進元魁十卷仰懇
欽定以光
大典事臣等本
命典順天鄉試自入闈以後秖率同考官盡心
校閱矢公矢慎以仰副
皇上育才選士之至意今校閱將竣擇於十一
日出榜所有前十名試卷謹將頭場七藝
繕錄清本恭呈
御覽伏懇
皇上欽定以光
大典再查第一名例應於旦卷內取中合併
聲明謹
奏
覽過此道了好第一名不但文章好尤
是一個端人正士留心性理的人不枉
[illegible]
雍正元年五月 初八 日

4—30 顺天乡试主考官朱轼恭进本年癸卯恩科乡前十卷恳请皇上钦定名次朱批奏折

收藏者：中国第一历史档案馆

年　代：雍正元年（1723）

康熙二十四年（1685）规定，顺天乡试和会试三场结束之后，主考官遴选试卷十本，缮写进呈，供皇帝御览。第一名至十名，皆由皇帝钦定名次。钦定之后，再送至顺天贡院内拆号填榜。此为雍正元年五月初八日顺天乡试主考官朱轼、张廷玉等进呈前十卷，并请皇帝钦定的奏折。

4—31 苏州织造李煦请求安徽另编商籍字号奏折

收藏者：中国第一历史档案馆

年　代：康熙五十七年（1718）

在根据籍贯编列字号的同时，清廷还编卤字号录取浙江、山西等省商籍生员，编旗字号录取各驻防八旗生员，以确保应试士子均有中式机会。此为康熙五十七年五月十七日苏州织造李煦请求安徽另编商籍字号奏折，上有朱批。

4—32 侥幸成名图

来源：《点石斋画报》（石集），点石斋石印局，光绪十八年（1892）

此图描绘一名不学无术的考生考试时利用其他考生给他的典故，随便堆砌成一篇八股文，竟被考官视为佳作，录取为解元之传闻。

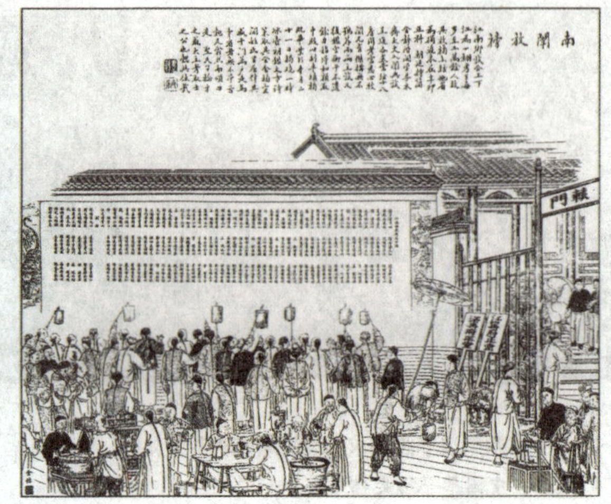

4—33 南闱放榜图

来源：《点石斋画报》(石集)，点石斋石印局，光绪十八年（1892）

乡试放榜时，正值秋季，桂花盛开，故乡试榜有秋榜、桂榜、蕊榜、龙虎榜之称。因举人是科举出身的第一级，因此又称一榜、乙榜。填榜的第二天，顺天府在府署，各省在布政司署或巡抚署前张挂。榜单张挂三天后收缴存档。此图描绘的是光绪十七年（1891）辛卯科江南乡试放榜之盛况。

4—34 江南乡试题名全录

来源：王韬《漫游随录图记》，点石斋石印局，光绪朝（1875—1908）

因江南乡试为江苏和安徽合闱而试，应考人数多达 1.5 万～2 万名，竞争异常激烈，放榜受到社会的普遍关注。放榜之时，考生会迫不及待地来看榜。此图描绘的是光绪戊子科（1888）江南乡试新录取的 144 名举人和 22 名副榜的名单，以及考生看榜的情形。

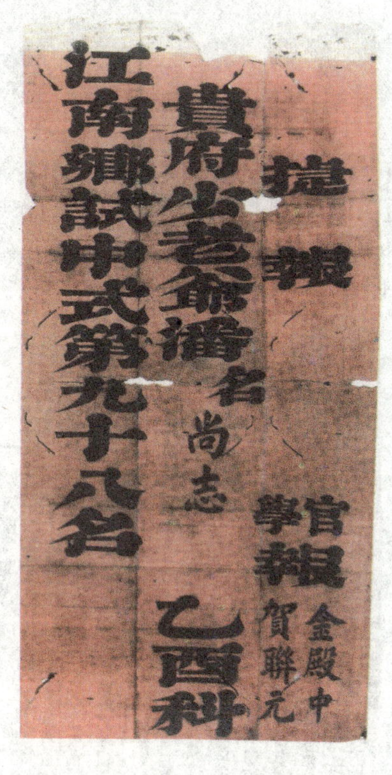

4—35 潘尚志中举捷报

收藏者：中国书院博物馆

年　代：清代（1644—1911）

乡试录取者被称为举人始于明代，清代沿用。举人已经具有做官资格，可以被任命为知县、官学教官等职。此为潘尚志考中乙酉科江南乡试第98名举人捷报。

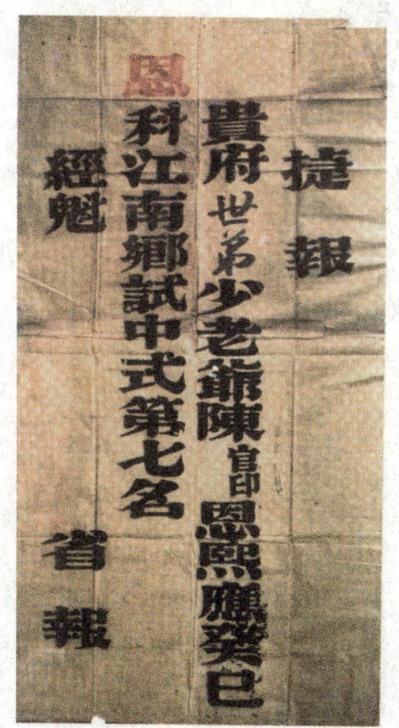

4—36 陈恩熙中举捷报

收藏者：江苏泰州学政试院博物馆

年　代：清代（1644—1911）

此为陈恩熙考中癸巳科江南乡试第七名举人捷报。

4—37《道光十五年顺天乡试录》（1）

4—38《道光十五年顺天乡试录》（2）

收藏者：南京图书馆

年　代：道光十五年（1835）

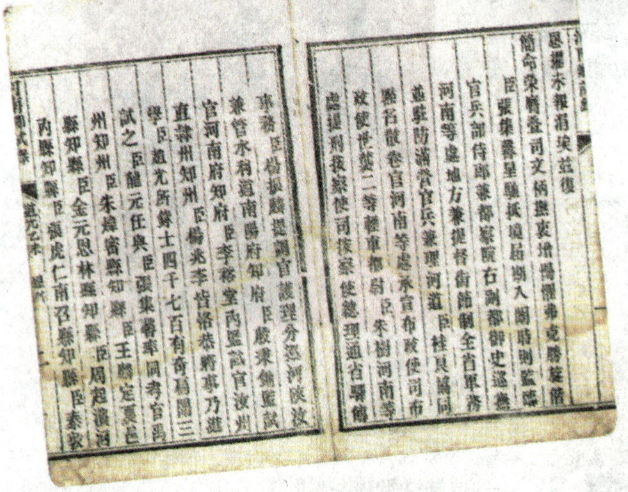

恩擢未報涓埃茲復
簡命榮膺登司文柄撫衷增惕懼弗克勝旋簡
臣張集馨呈驗抵境屆期入闈時則監臨
官兵部侍郎兼都察院右副都御史巡撫
河南等處地方兼提督銜節制全省軍務
兼駐防滿營官兵兼理河道臣桂良暨同
[illegible]卷官河南等處承宣布政使司布
政使世襲二等輕車都尉臣朱樹河南等
處提刑按察使司按察使總理通省驛傳
事務臣楊振麟提調官護理分巡河陝汝
兼管水利道南陽府知府臣嚴秉鈞監試
官河南府知府臣李裕堂內監試官汝州
直隸州知州臣楊兆李皆恪恭將事乃進
學臣道光所舉士四千七百有奇屬闈三
試之臣饒元任與臣張集馨率同考官禹
州知州臣朱煒商邱縣知縣臣王鶴定襄邑
縣知縣臣金元恩林縣知縣臣周起濱河
內縣知縣臣萬虎仁南召縣知縣臣秦瑛

河南鄉試錄　道光乙未　恩科

明清每科乡试之后，除编辑刻印题名录之外，还需要选刻试录，主要内容包括主考官、同考官、监临等考场执事官员之姓名、职衔，三场考试题目，中式者姓名、名次、籍贯，考生八股文数篇，每篇下面注明考生姓名。乡试录在进呈给皇帝御览的同时，还是礼部磨勘的重要依据。此为道光十五年乙未恩科顺天乡试录。

4—39《咸丰八年戊午科顺天乡试录》（1）

4—40《咸丰八年戊午科顺天乡试录》（2）

收藏者：湖南图书馆

年　代：咸丰八年（1858）

咸丰八年顺天乡试由一品军机大臣柏葰任正主考官，户部尚书朱凤标，都察院左副都御史、户部右侍郎程庭桂为副主考官。因考生平龄身份受到质疑而立案调查之后，查出柏葰徇私录取罗鸿绎为举人，柏葰被处以斩立决，成为中国科举史上被判处死刑的最高级别官员。此为咸丰八年戊午科顺天乡试录。

4—41《光绪己丑恩科江南乡试同年齿录》（1）
4—42《光绪己丑恩科江南乡试同年齿录》（2）
收藏者：南京中国科举博物馆
年　代：光绪十五年（1889）

同年齿录是记载同一科考上的考生信息的小册子，其上不仅有考生的姓名、籍贯、年龄等信息，而且还清楚地列出考生的家族信息。此为光绪十五年己丑恩科江南乡试同年齿录。

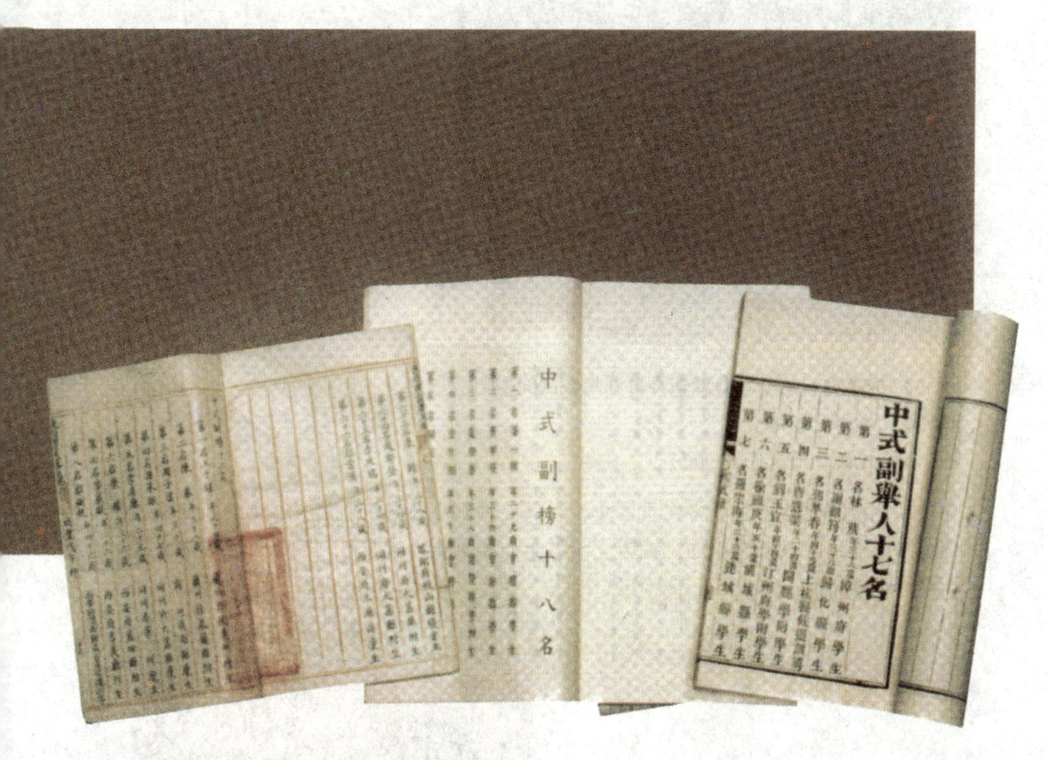

4—43 乡试副榜题名录

收藏者：中国第一历史档案馆

年　代：清代（1644—1911）

副榜是指明清科举在正式录取名额之外再增加若干名，另出一榜，以有别于按规定名额录取公布的正榜。副榜第一名称“副魁”。中副榜者无资格参加会试，但能以贡生的身份直接入国子监学习，因此副榜中式者亦称“副贡”。

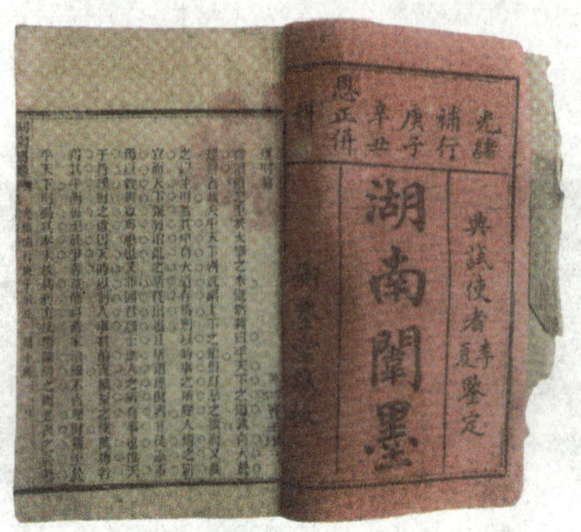

4—44《光绪补行庚子辛丑恩正并科湖南乡试闱墨》

收藏者：湖南图书馆

年　代：光绪二十八年（1902）

乡试放榜之后，主考官在贡院中，以贡院内帘办公场所的名义，编辑新科举人的优秀考卷，并以朱色印刷。此为光绪二十八年湖南乡试闱墨，湖南贡院衡鉴堂为内帘办公场所。

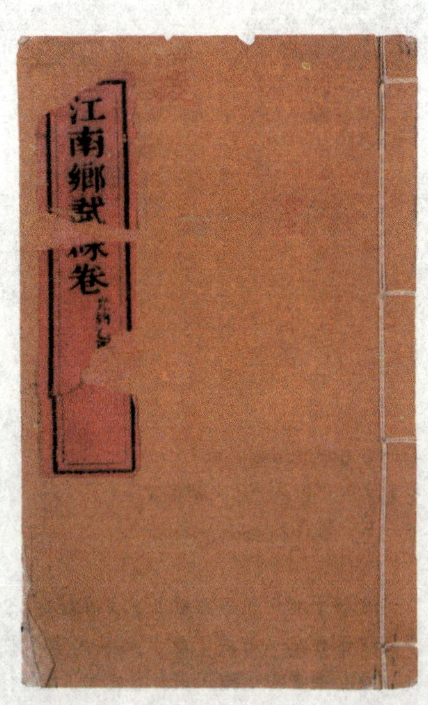

4—45 陈宗元乡试朱卷（1）

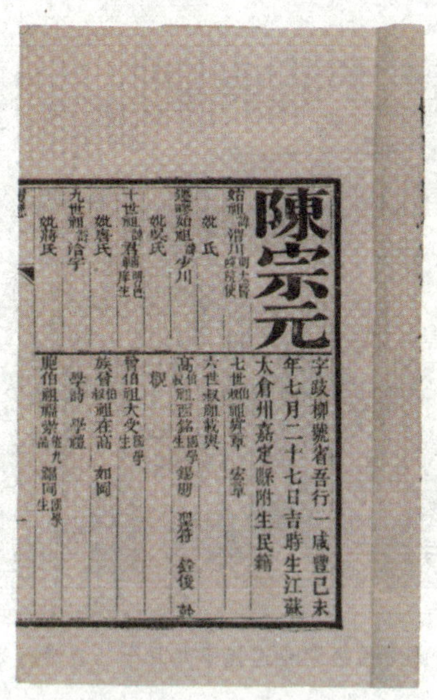

陳宗元

字竑柳號省吾行一咸豐己未年七月二十七日吉時生江蘇太倉州嘉定縣附生民籍

4—46 陈宗元乡试朱卷（2）

收藏者：上海中国科举博物馆

年　代：清代（1644—1911）

除以贡院名义刊刻的朱卷之外，绝大多数是新科举人刊印自己应试之文，并加上同考官、主考官的批语。虽然并不以朱色印刷，只是在封面上用朱色印刷“呈政”二字，亦称“朱卷”。

4—47“鹿鸣与宴”匾

收藏者：北京励志堂科举匾额博物馆

年　代：清代（1644—1911）

明清乡试放榜次日，考官、新科举人和重赴鹿鸣宴的年老举人至顺天府衙门、各省巡抚衙门赴宴。宴会时，正主考官居中，副主考官居左，担任监临的巡抚居右，同考官在旁边落座。主考官和巡抚着朝服先行谢恩礼，继而新科举人谒见考官，然后依次入座开宴，齐唱《诗经·小雅》中的首篇《鹿鸣》诗，故称“鹿鸣宴”。唱毕，跳魁星舞。歌舞之后，丰席盛馔，相互庆贺。此为清代“鹿鸣与宴”匾。

4—48 鹿鸣盛宴图

来　源：《吴友如画宝·古今谈丛图》，上海文瑞楼书局

年　代：宣统二年（1910）

至清末，鹿鸣宴仅存形式，宴席非常简单。此图描绘湖北巡抚于九月十三日举行光绪十七年（1891）辛卯科鹿鸣宴之盛况。

4—49 鹿鸣宴给赏凭证

收藏者：南京中国科举博物馆

年　代：清代（1644—1911）

正副主考官、监临、学政、提调、监试、同考及执事各官均参加鹿鸣宴。主考朝服，会同各官先行谢恩礼，依例颁给考官、监临等官金银花、杯盘、绸缎、银两等，然后依次入宴。此为鹿鸣宴给赏凭证。

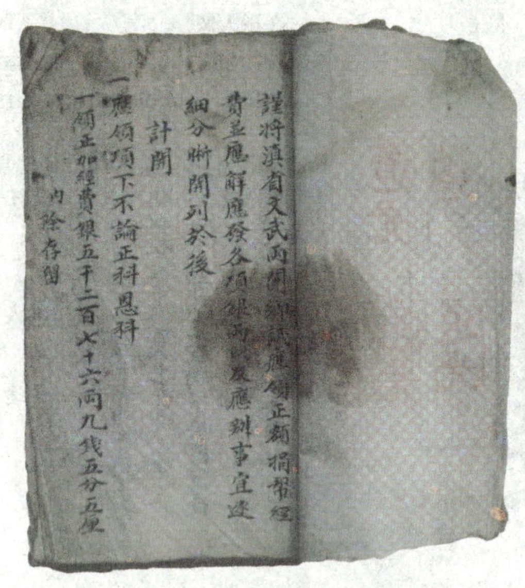

謹将滇省文武兩闈鄉試應領正額捐帮經
費並應解應發各項銀兩[illegible]數應辦事宜逐
細分晰開列於後
計開
一應領項下不論正科恩科
一項正加經費銀五千二百七十六兩九錢五分五厘
内除存留

4—50 云南乡试经费记账簿

收藏者：南京中国科举博物馆

年　代：清代（1644—1911）

乡试时，除考生交纳卷价之外，所有办公用具及场中官员、工匠、夫役之饮食，均需由专人置办，顺天乡会试由顺天府，各省乡试由布政使派员办理。一应经费均需报批，不得浮报，不许摊派扰民。此为云南乡试经费记账簿。

4—51“登科”匾

收藏者：北京励志堂科举匾额博物馆

年　代：嘉庆十五年（1810）

此匾为嘉庆十五年庚午科乡试正副主考官为中式举人刘光曙立。此匾上款为“大主考礼部左侍郎加三级戴联奎、吏部考功清吏司主事加三级毛式郇”。下款为“中式第三十七名举人刘光曙立，皇清嘉庆庚午年仲冬月中浣穀旦”。

4—52 举人像

来　源：MissCorner(Julia), Thehistoryof-China&India:pictorial&descriptive, 1847.

清代对举人衣冠有明确的规定，冠用镂花银座，上衔金雀（秀才用银雀），袍用青绸，边缘用蓝色；举人的冠服与贡生、监生基本相同，是他们参加典礼时穿着的礼服。举人已是一种正式科名，即使会试落榜，也可以通过拣选、大挑和截取三种途径任官。此为清代举人像。

4—53 “举人”匾

收藏者：北京励志堂科举匾额博物馆

年　代：道光二十六年（1846）

此匾系福建巡抚郑祖琛为道光二十六年丙午科福建乡试第六十名中式举人邢丹立。

4—54 “父子举人”匾

收藏者：湖南省开元博物馆

年　代：光绪十五年（1889）

此匾系两广总督张之洞为光绪十五年己丑恩科广东乡试中式第 66 名举人徐定章所立。徐定章为广东平和人。

4—55 文魁府第图

来 源：Gray, JohnHenry, China: ahistoryofthelaws, mannersandcustomsofthepeoplevol.2, IrishUniv. Press, 1878

各省乡试录取者的第一名称解元，第二名称亚元，三至五名称为经魁，第六名为亚魁，解元和经魁简称经解，第六名至第十名称乡魁，第六名之外的举人皆称文魁或文元。举人家可悬挂“举人第”的匾额。

4—56 望榜笑谈图

来源:《点石斋画报》(石集),《申报》馆，光绪十八年(1892)

科举及第不仅是考生个人实现人生抱负的途径，也是振兴或维系家庭、家族荣耀的大事。此图描绘的是：乡试放榜日，某太史以为儿子落第了，便批评其文章之不足，并用戒尺惩罚。当儿子高中解元消息传来，这位太史居然用戒尺打自已，向儿子表示歉意。

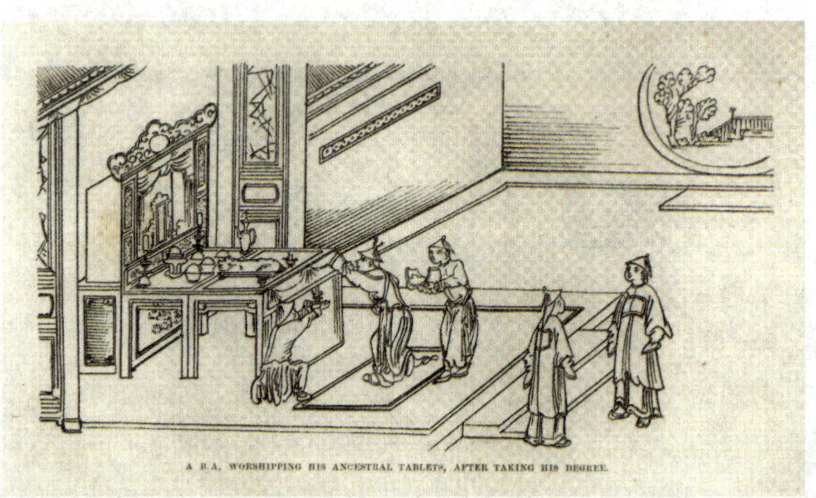

4—57 中举后祭祖图

来源：Gray, JohnHenry, China: ahistoryofthelaws, mannersandcustomsofthepeoplevol.2, IrishUniv. Press, 1878

考生中举后即具备了做官的资格，举人成为清代绅士的重要组成部分，是其所在地有权势和经济实力的群体。因此，中举不仅是个人成功的标志，也是一个家庭、乃至家族的荣耀。此为清代考生中举后祭祖图。

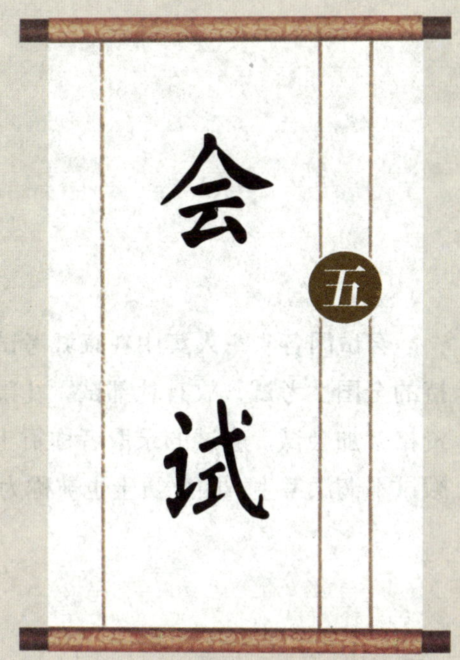

五 会试

会试因各省举人集中在京城考试而得名。又因会试是由礼部主持的全国性考试，故有礼部试、礼闱之名。各省乡试考中的举人有资格参加会试。会试的录取者称贡士，第一名称贡元、会元。由于殿试不淘汰考生，因此贡士也被称为进士。

5—1 光绪己丑科会试官单

收藏者：上海中国科举博物馆

年　代：光绪十五年（1889）

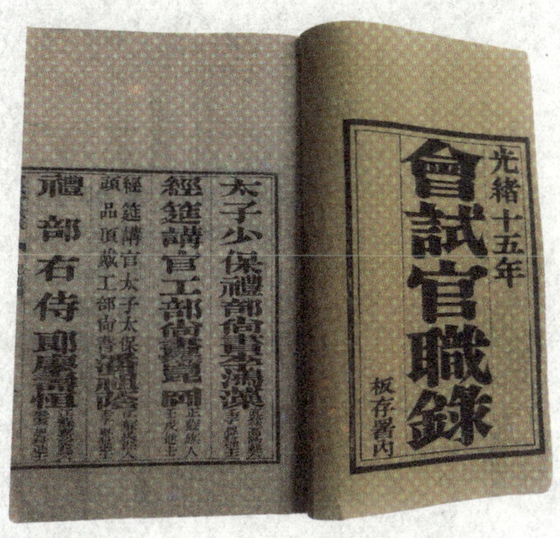
光緒十五年
會試官職錄
板存署內
太子少保禮部尚書李鴻藻
經筵講官工部尚書崑岡
經筵講官太子太保頭品頂戴工部尚書潘祖蔭
禮部右侍郎廖壽恒

5—2 光绪十五年会试官职录

收藏者：湖南图书馆

年　代：光绪十五年（1889）

清代会试正副主考官由皇帝直接任命。主考官称总裁，初由内阁大臣担任，2—7人不等。咸丰后，定为4人，一正三副。会试同考官18名，主要由翰林院官员充任。光绪十五年已丑科会试正主考官为礼部尚书李鸿藻，副主考官为工部尚书崑冈、工部尚书潘祖荫和礼部侍郎廖寿恒。

5—3《贴例须知》

收藏者：南京中国科举博物馆

年　代：清代

乡会试试卷，如有违反缮卷条规者，即属违式，经受卷所至对读所查出，即将违式者的姓名、籍贯用蓝色笔书之而贴出，张榜公布于贡院门外，谓之“蓝榜”。凡登蓝榜者，即已取消考试资格。《贴例须知》是考生掌握缮卷规则的工具书。

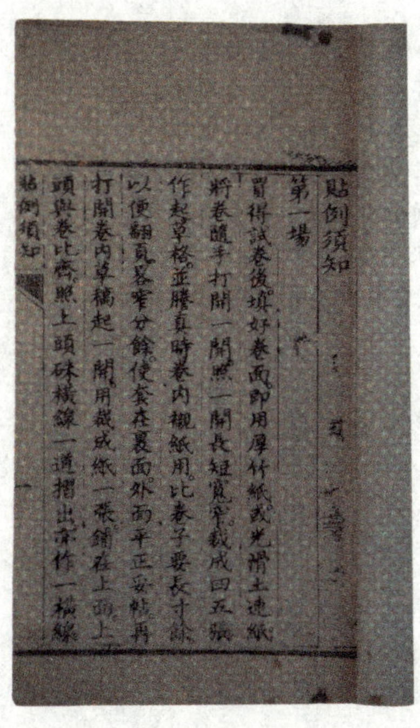
貼例須知
第一場
買得試卷後填好卷面即用厚竹紙或光滑土連紙
將卷頭手打開一開照一開長短寬窄裁成四五張
作起草格並謄真時卷內襯紙用比卷子要長寸餘
以便翻頁容寬分餘使套在裏面外面平正妥帖再
打開卷內草稿起一開用裁成紙一張鋪在上面上
頭與卷比齊照上頭硃橫線一道摺出亦作一橫線
貼例須知　一

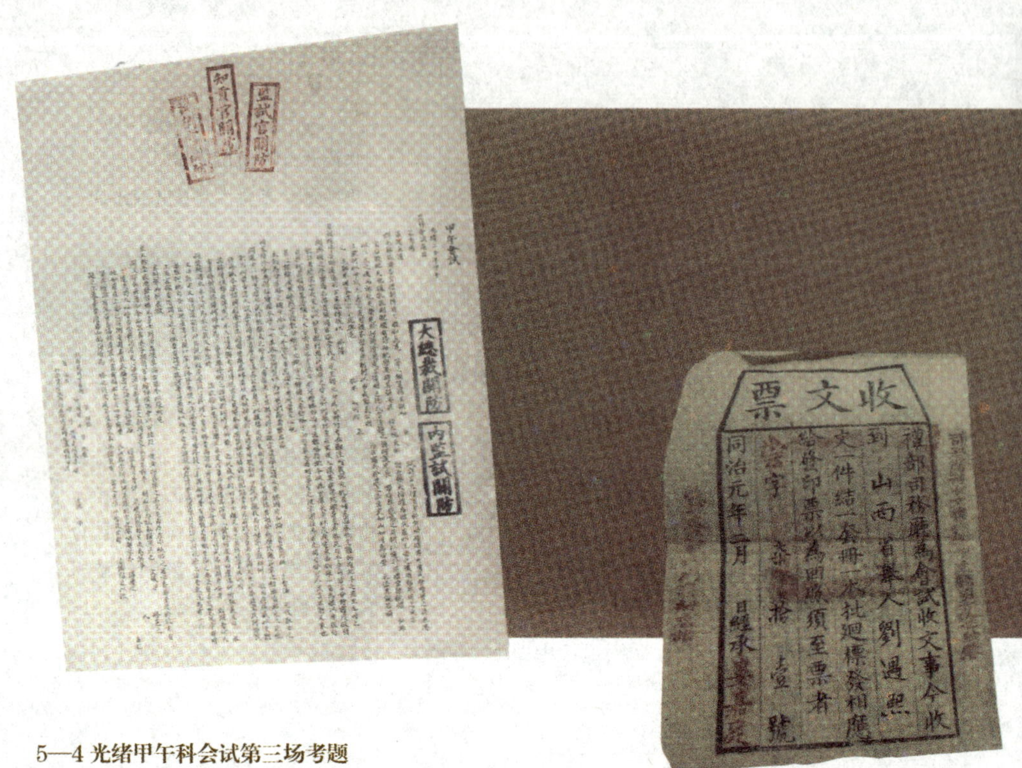

5—4 光绪甲午科会试第三场考题

收藏者：上海中国科举博物馆

年　代：光绪二十年（1894）

会试第三场为策问五道，主要考查考生的经史文学等方面的知识。此为光绪二十年甲午科会试第三场考题。该科正主考官为礼部尚书李鸿藻，副主考官为左都御史徐郙、工部侍郎汪鸣銮、左副都御史杨颐。会元为陶世凤。

5—5 礼部收到山西举人刘遇熙参加会试材料凭证

收藏者：南京中国科举博物馆

年　代：同治元年（1862）

应会试举人由本人向州县呈请，本籍地方官具结，申送布政使，转详督抚，发给咨文，同时造册送礼部；举人任小京官者，由该管衙门咨送。各省监生在顺天乡试取得举人资格，及旧科举人因依亲觅馆，未及回籍起文者，取具同乡六品以上京官印结，呈礼部；随任子弟由各衙门咨送。举人到部投文的截止期限仍为三月初一日，如实有因途远迟误，可推迟至初四日截止，逾限投文，概不接收。此为同治元年陕西举人刘遇熙向礼部提交应试材料的凭证。

同治庚午科各省鄉試中式舉人覆試題目
四書題
信以成之君子哉
詩題
賦得微綠含風樹滿川得微字五言八韻
詩韻
微薇暉煇巍揮翬圍幃闈違霏菲騑緋飛非
扉肥威祈旂畿機幾譏磯鞿璣饑稀希晞衣
依沂巍歸
詩文俱不點句勾股

5—6 同治庚午科各省乡试中式举人覆试题目

收藏者：上海中国科举博物馆

年　代：同治九年（1870）

举人覆试始于顺治十五年（1658），然未成定制。道光二十三年（1843），清廷规定：此后各省新中举人于会试年二月初十日前全行到京，取具同乡京官识认印结送部，听候覆试。覆试考场仍在贡院。其道远逾期到者，归顺天府补行覆试。其逾补试期者，归下三科办理。三科内未覆试者，永远不准再应会试，亦不准截取铨选。至此，举人覆试成为定制。此为同治九年举人覆试题目，四书题和诗题各一道。

5—7 乡会试答卷避讳字样

收藏者：南京中国科举博物馆

年　代：清代（1644—1911）

敬避字樣

世祖章皇帝廟諱

聖祖仁皇帝廟諱

世宗憲皇帝廟諱

高宗純皇帝廟諱

仁宗睿皇帝廟諱

宣宗成皇帝廟諱

文宗顯皇帝廟諱

穆宗毅皇帝廟諱

皇上御名

考生答卷行文凡遇庙讳（清代已故皇帝之名）、御名（在世皇帝之名）、至圣讳（大成至圣先师孔子之名）本字，俱应敬谨避写。此为乡试、会试期间考生需要避讳的字样，供考生答卷时参考。

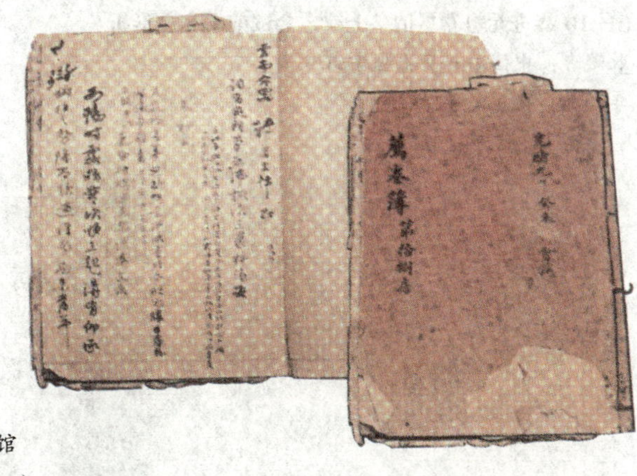

5—8 会试荐卷簿

收藏者：中国第一历史档案馆

年　代：光绪朝（1875—1908）

乡会试同考官批阅朱卷时，将优秀试卷用蓝笔加以标记，并写上批语，推荐给主考官，称为荐卷，俗称出房，由主考官最终决定录取与否。此为同考官荐卷的记录簿。

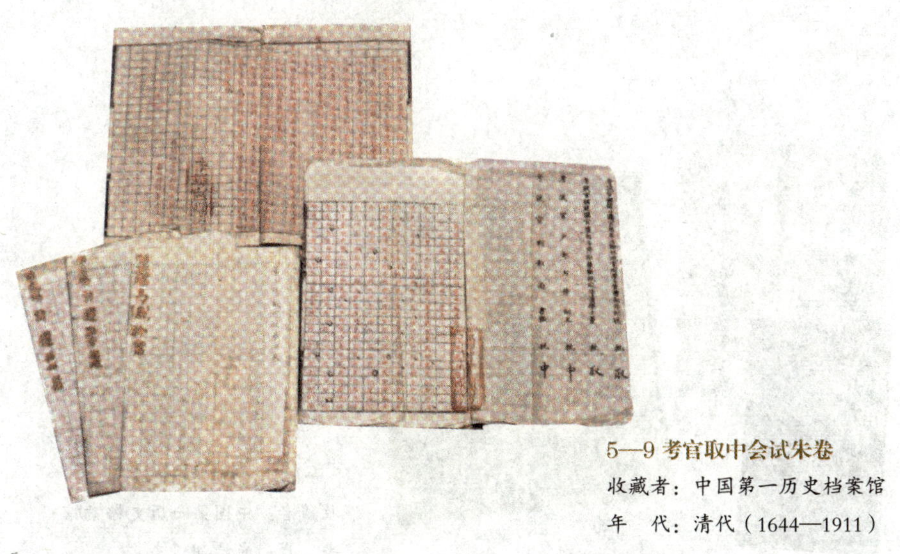

5—9 考官取中会试朱卷

收藏者：中国第一历史档案馆

年　代：清代（1644—1911）

乡会试阅卷时，如果荐卷得到主考官的认可，他们分别写上“取”和“中”字，并加上批语。录取之后，该份荐卷需要保留，以备礼部组织官员磨勘。此为考官取中的朱卷。

5—10 恭进元魁卷恳请皇上钦定会试前十名之奏折

收藏者：中国第一历史档案馆

年　代：雍正元年（1723）

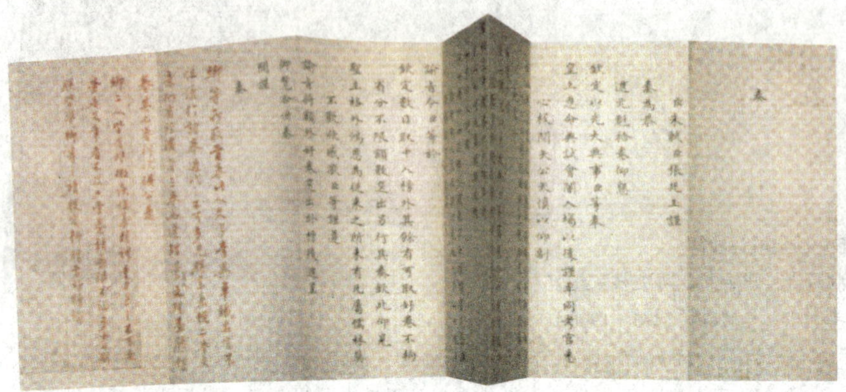

会试放榜前，有前十名卷进呈钦定之例，其例始于康熙二十四年（1685）乙丑科会试。是科三场结束，主考等官遴选试卷十本，缮写进呈御览，自第一名至第十名，俱由皇帝钦定名次，再送场内拆号填榜。此为雍正元年会试总裁朱轼恭进本年癸卯恩科会试元魁十卷，恳请皇上最终钦定之奏折，上有朱批。

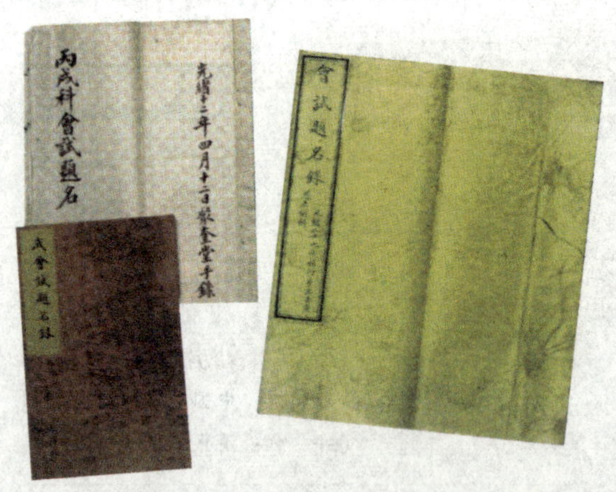

5—11 光绪朝会试题名录

收藏者：中国第一历史档案馆

年　代：光绪朝

会试题名录亦称登科录，主要记载新科贡士籍贯、三代姓名、乡试名次，以及此科会试名次。会试题名录主要送皇帝御览。此为光绪朝会试题名录。

5—12 道光六年丙午科会试录

收藏者：湖南图书馆

年　代：道光六年（1826）

此为《道光六年丙午科会试录》，此科会元为直隶盐山人王庆元。

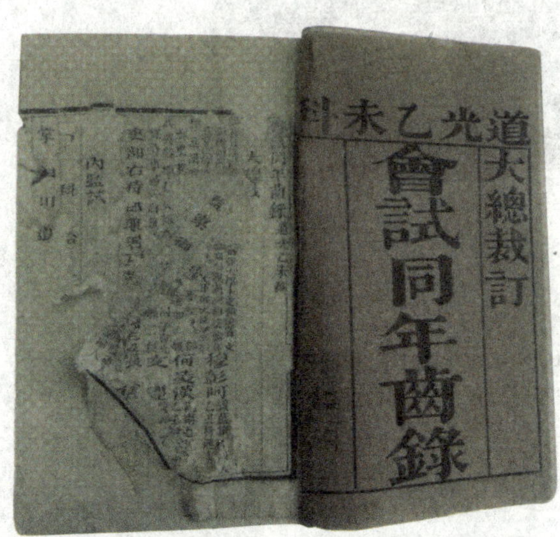

5—13 道光乙未科会试同年齿录

收藏者：湖南图书馆

年　代：道光十五年（1835）

此为《道光乙未科会试同年齿录》，此科会元为浙江嵊县人张景星。

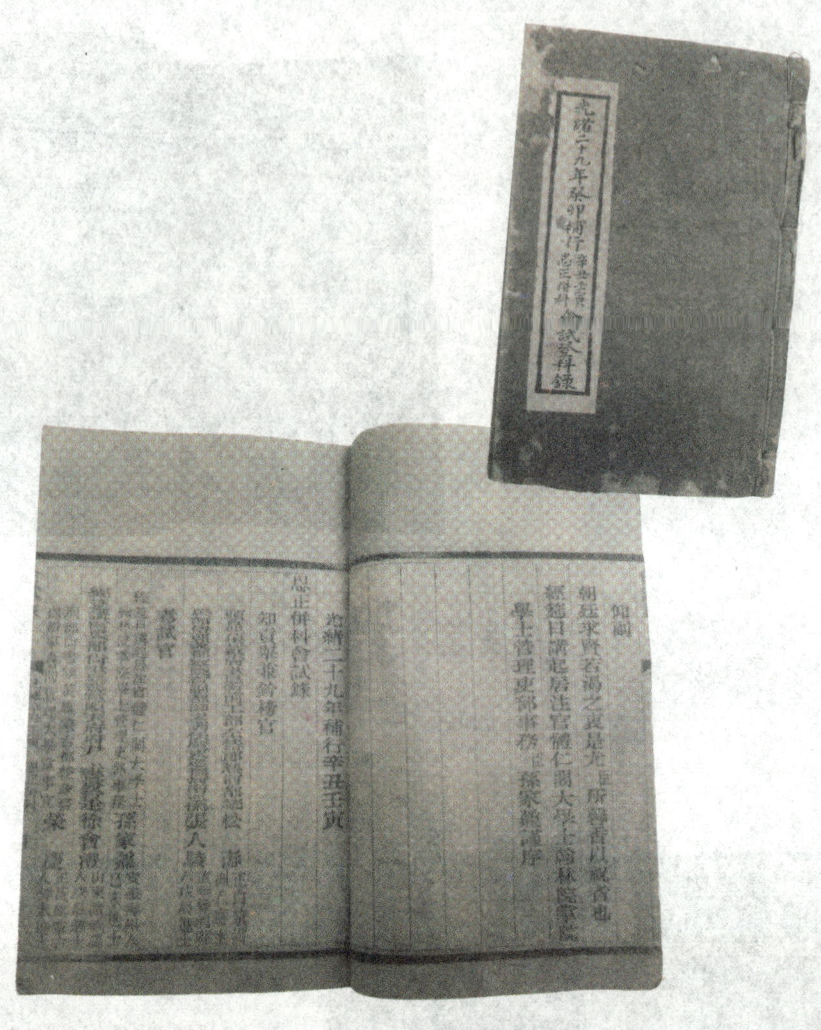

5—14 光绪二十九年癸卯补行辛丑壬寅恩正并科会试登科录（1）

5—15 光绪二十九年癸卯补行辛丑壬寅恩正并科会试登科录（2）

收藏者：湖南图书馆

年　代：光绪二十九年（1903）

因八国联军攻占北京，顺天贡院被毁，顺天乡试和会试被迫借闱位于开封的河南贡院举行。此后，两次顺天乡试，两次河南乡试，以及癸卯、甲辰两科会试，均在河南贡院举行。此为光绪二十九年癸卯补行辛丑壬寅恩正并科会试登科录。

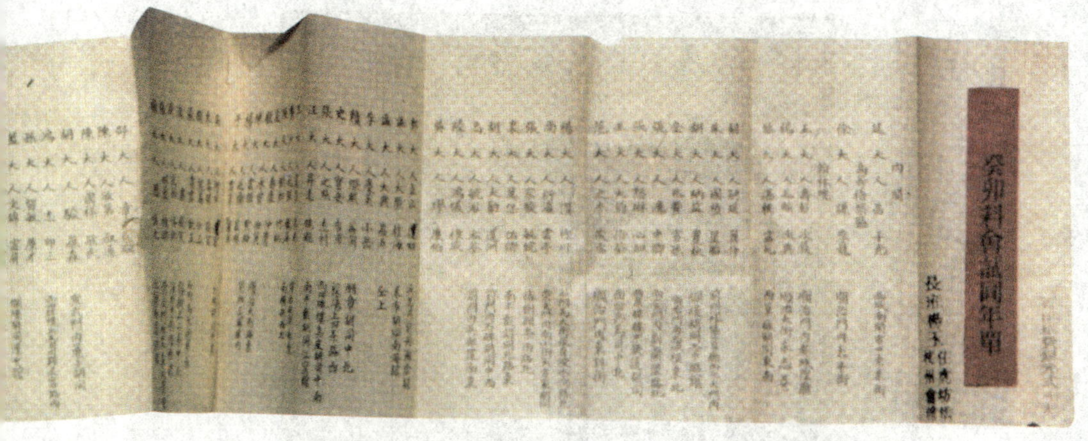

5—16 光绪癸卯科会试同年单

收藏者：中国第一历史档案馆

年　代：光绪二十九年（1903）

在乡试、会试、殿试中同科考中者，称为同年。此为光绪二十九年癸卯科会试同年的任职、家庭住址清单。

5—17 "明通进士" 匾

收藏者：北京励志堂科举匾额博物馆

年　代：雍正朝（1723—1735）

明通进士是清代对会试明通榜所录取者的美称。明通榜始于雍正朝，推行于乾隆朝，具体做法是在会试落选卷内再挑选文理通明者，在正榜之外另出一榜，名为明通榜。入明通榜者，虽无参加殿试资格，但能候补教职。乾隆五十五年（1790）裁撤明通榜。此匾上款为"福建汀漳龙道单德谟为"。下款为"江西同考试官陈□广立，雍正丙午举人联捷明通考选"。

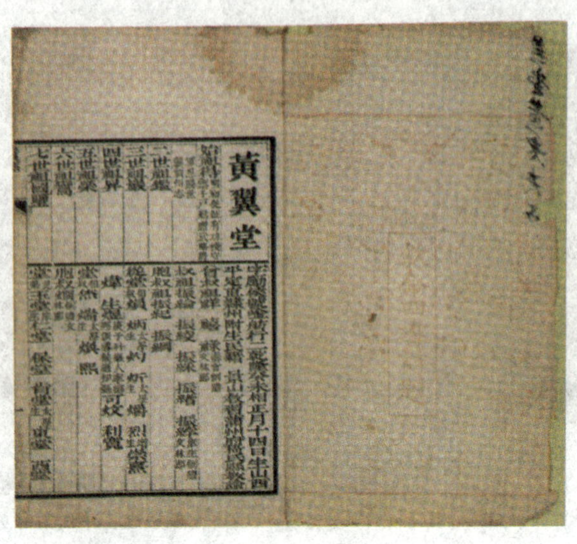

5—18 黄翼堂会试朱卷

收藏者：上海中国科举博物馆

年　代：清代（1644—1911）

清代会试的录取人数不定，一般为两三百人，分省录取，钦定录取名额。此为黄翼堂会试朱卷。黄翼堂为山西平定直隶州人，乾隆四十八年（1783）中癸卯科举人，嘉庆四年（1799）通过己未科会试，殿试以三甲第十三名考中进士。

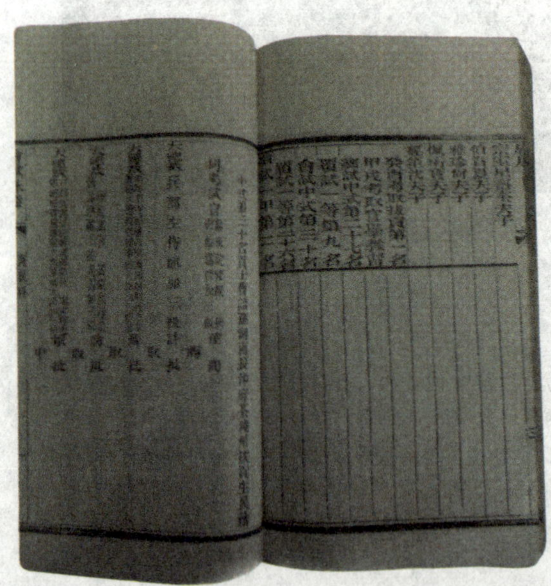

5—19 曹诒孙会试朱卷

收藏者：湖南图书馆

年　代：光绪六年（1880）

曹诒孙，字次谋，湖南茶陵县人。光绪六年殿试一甲第二名，为榜眼，赐进士及第，授翰林院编修。

5—20 会试闱墨（1）

5—21 会试闱墨（2）

收藏者：中国书院博物馆

年　代：道光十三年（1833）

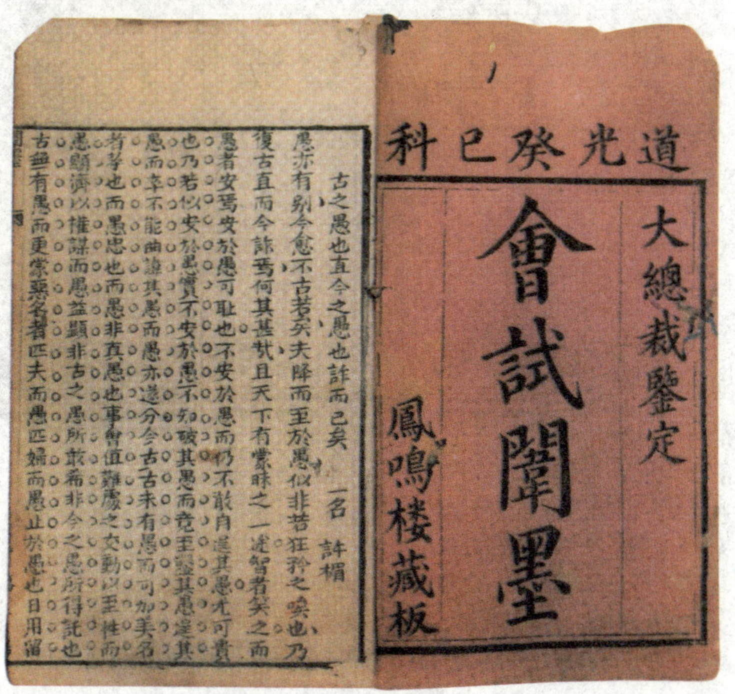

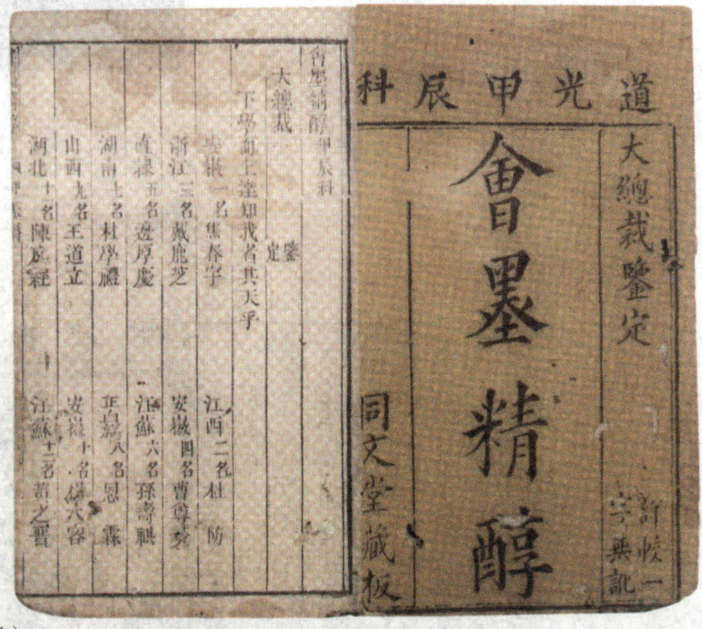

5—22 会墨精醇（1）

5—23 会墨精醇（2）

收藏者：中国书院博物馆

年　代：道光二十四年（1844）

会试之后，除贡院刊刻会试闱墨进呈给皇帝预览之外，民间也刊刻闱墨，以供应试士子学习。以上为道光十三年（1833）及道光二十四年会试闱墨。

5—24“会元”匾

收藏者：北京国子监

年　代：顺治九年（1652）

此匾为顺治九年壬辰科会元程可则所立匾额，但程可则因磨勘被除名，未能参加殿试。

5—25“会魁”匾

收藏者：北京励志堂科举匾额博物馆

年　代：康熙三十九年（1700）

此匾为熊赐履为胡承谋所立。此匾上款：“光禄大夫东阁大学士兼吏部尚书加四级熊赐履为”。下款：“庚辰科会试中式第十八名进士胡承谋立，康熙三十九年仲秋月吉日”。熊赐履（1635—1709），湖北孝感人。顺治十五年（1658）戊戌科殿试名列三甲第178名，赐同进士出身，累官至礼部尚书。胡承谋，江南宁国府泾县（今安徽泾县）人，应康熙三十九年庚辰科会试，名列第18名，殿试名列二甲第41名。会魁原指会元，此匾题为会魁，系美称。

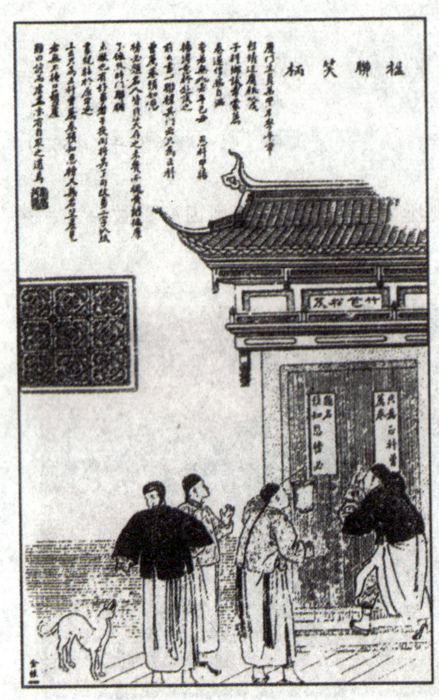

5—26 楹联笑柄图

来源：《点石斋画报》(未集)，点石斋石印馆，光绪十六年（1890）

清代士子需要依次通过县试、府试、院试和乡试、会试、殿试才能取得进士这一至高无上的功名。此图描绘的是一位考生通过乡试之后，以为进士是唾手可得的，便在自家门上贴出表示必中的对联："只为正科曾荐卷，预知恩榜必题名。"然而落第而归，对联被人改为："只为正科曾荐卷，预知恩榜又无名。"

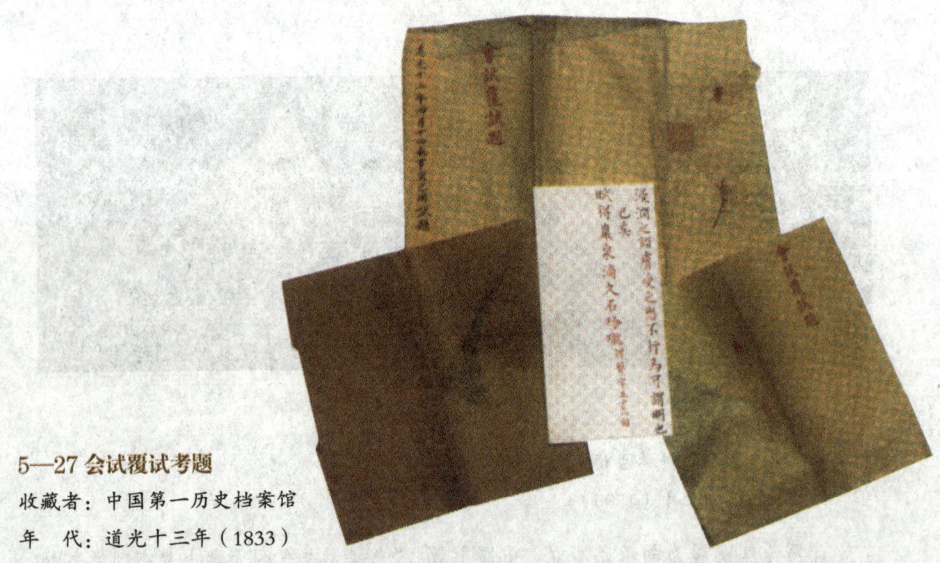

5—27 会试覆试考题

收藏者：中国第一历史档案馆

年　代：道光十三年（1833）

康熙五十一年（1712），清廷定会试之后增加覆试环节，由皇帝钦定《四书》文、诗题各一道，考生答卷要与其会试墨卷核对，要求文义、字迹基本一致，其目的主要核实考生身份的真伪。发现有作弊者，取消殿试资格，并未形成定制。至嘉庆四年（1799），覆试成为定制，覆试合格者方有资格参加殿试。此为道光十三年四月十日会试覆试考题。

六 殿试

殿试是科举中的最高一级考试，因在殿廷内举行，故又称“廷试”。殿试是由皇帝亲自主持的考试，即所谓临轩策士，以示抡才大典之隆重，故又称“御试”、“亲试”。士子只有经过殿试，才算真正登科，成为“天子门生”。殿试旨在将会试中式之贡士进行重新排名，录取者称进士。进士分为三甲，一甲三名，为状元、榜眼、探花，赐进士及第；二甲若干人，第一名称传胪，赐进士出身；三甲若干人，赐同进士出身，一、二、三甲统称进士。

6—1 晚清天安门

来 源：AlfonsMumm(FreiherrvonSchwarzenstein)，EinTagebuchinBildern，Ausf ü hrung:GraphischeGesellschaft，1902

6—2 晚清太和殿

来源：AlfonsMumm(FreiherrvonSchwarzenstein)，EinTagebuchinBildern，Ausführung: GraphischeGesellschaft，1902

6—3 晚清保和殿

来源：AlfonsMumm(FreiherrvonSchwarzenstein)，EinTagebuchinBildern，Ausführung: GraphischeGesellschaft，1902

殿试在会试结束若干天后举行。清初殿试时间为农历三月十五，乾隆二十六年（1761）改为四月二十一日。顺治十五年（1658），殿试地点由天安门改在太和殿前丹墀，如果遇到风雨天气则移至太和殿的东西两庑。自乾隆五十四年（1789）起，殿试改在保和殿内进行。考生于黎明时分至保和殿恭候，直到皇帝升殿后，礼部官员散发考卷。

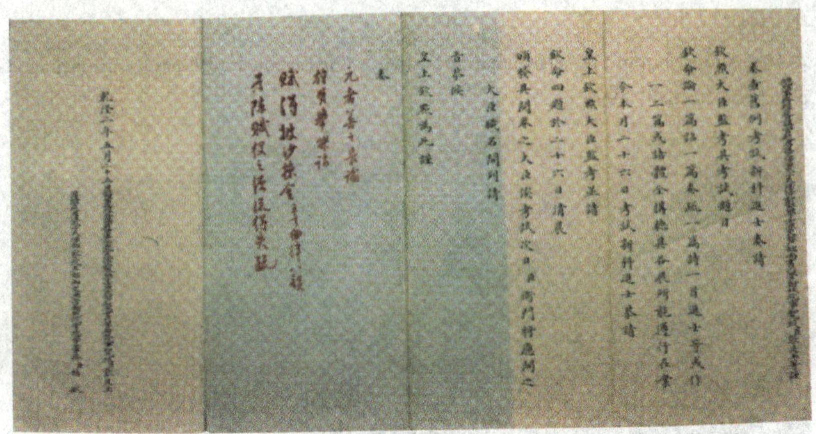

6—4 内阁大学士张廷玉等恭请皇上钦点大臣监考新科进士并请钦命试题之朱批奏折

收藏者：中国第一历史档案馆

年　代：乾隆二年（1737）

因殿试读卷官多选一、二品大员，故称读卷大臣。清初读卷大臣的人数没有定额，每次殿试前由皇帝决定。至乾隆二十五年（1760），读卷大臣人数减至八名，同时规定了钦派读卷大臣的职衔，即选大学士两名，部院大臣六名。此为定制，沿用至清末。

6—5 庄瑶殿试卷局部（1）

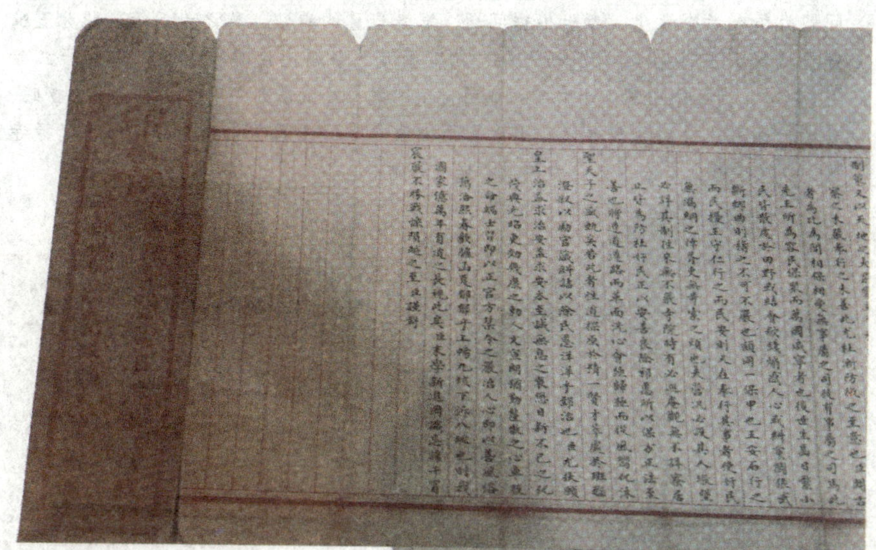

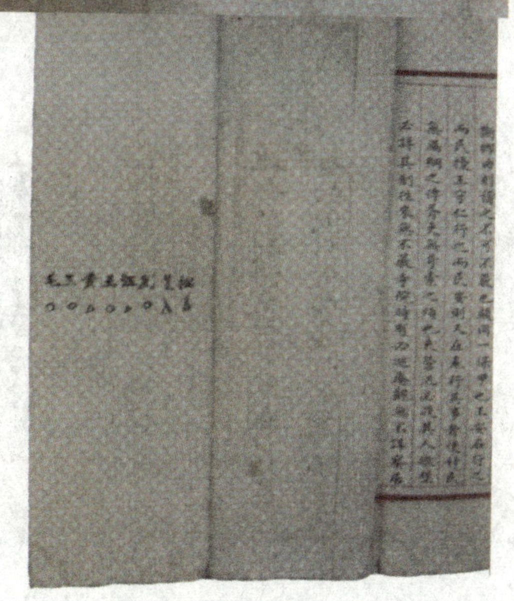

6—6 庄瑶殿试卷局部（2）

6—7 庄瑶殿试卷局部（3）

收藏者：南京中国科举博物馆

年　代：嘉庆十二年（1807）

清代殿试时务策一道，策问包含几个问题，一般是内阁预拟，再由皇帝钦定。考生根据策问，撰写对策，围绕策问发表自己的看法。贡士殿试所用试卷正本由礼部制备，前一页亲书履历、籍贯、三代，卷面及中间接缝处钤盖礼部堂印。为使贡士熟悉试卷的格式，道光三十年（1850）规定，将对策款式另行印刷，在考生进场时每人发一张，使贡士事先知道试卷的基本格式。此为嘉庆十二年庄瑶殿试卷，卷面有朱笔所书“第贰甲第贰拾玖名”字样，前一页上有亲书履历、籍贯和三代姓名等。策尾空幅背面书写八名考官之姓，将评判标识用墨笔书于姓之下，其标识为“○”、“△”、“、”、“|”、“×”五等，即圈、尖、点、直、叉。

6—8 王鸣盛殿试卷

收藏者：首都博物馆

年　代：乾隆十九年（1754）

明清殿试时务策之时务是当朝的时政，策是策问，因此时务策是以当朝时政问题为题来考查考生。考生根据问题，发表自己的看法，称之为对策。此为王鸣盛殿试卷。王鸣盛（1722—1797），江苏嘉定（今属上海嘉定）人。乾隆十二年（1747）江南乡试中举。十九年甲戌科会试中式，殿试名列一甲第二名，高中榜眼，赐进士及第，授翰林院编修。王氏官至侍读学士、内阁学士兼礼部侍郎、光禄寺卿。以汉学考证方法治史，为吴派考据学大师。

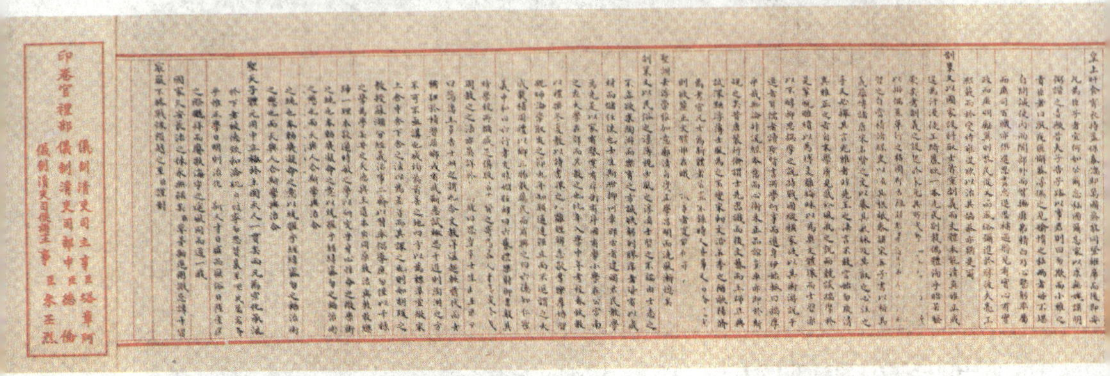

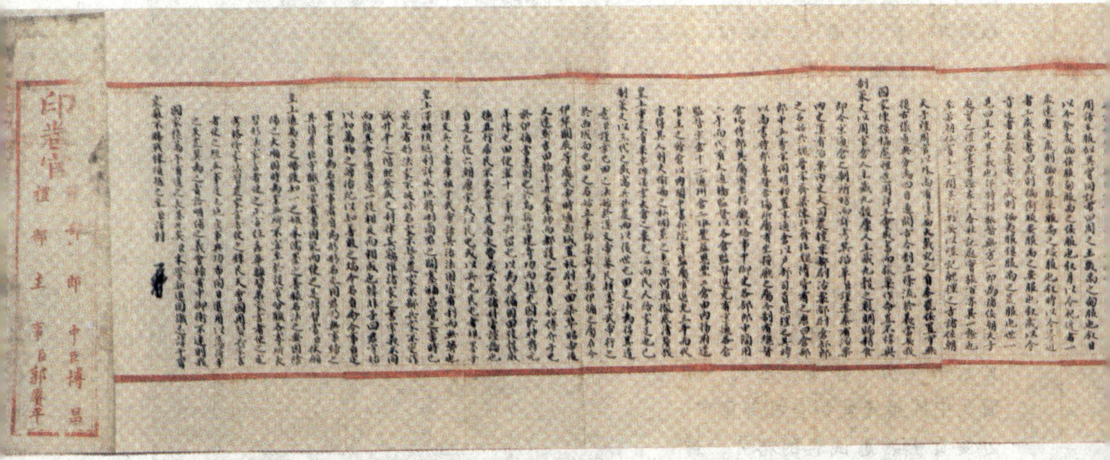

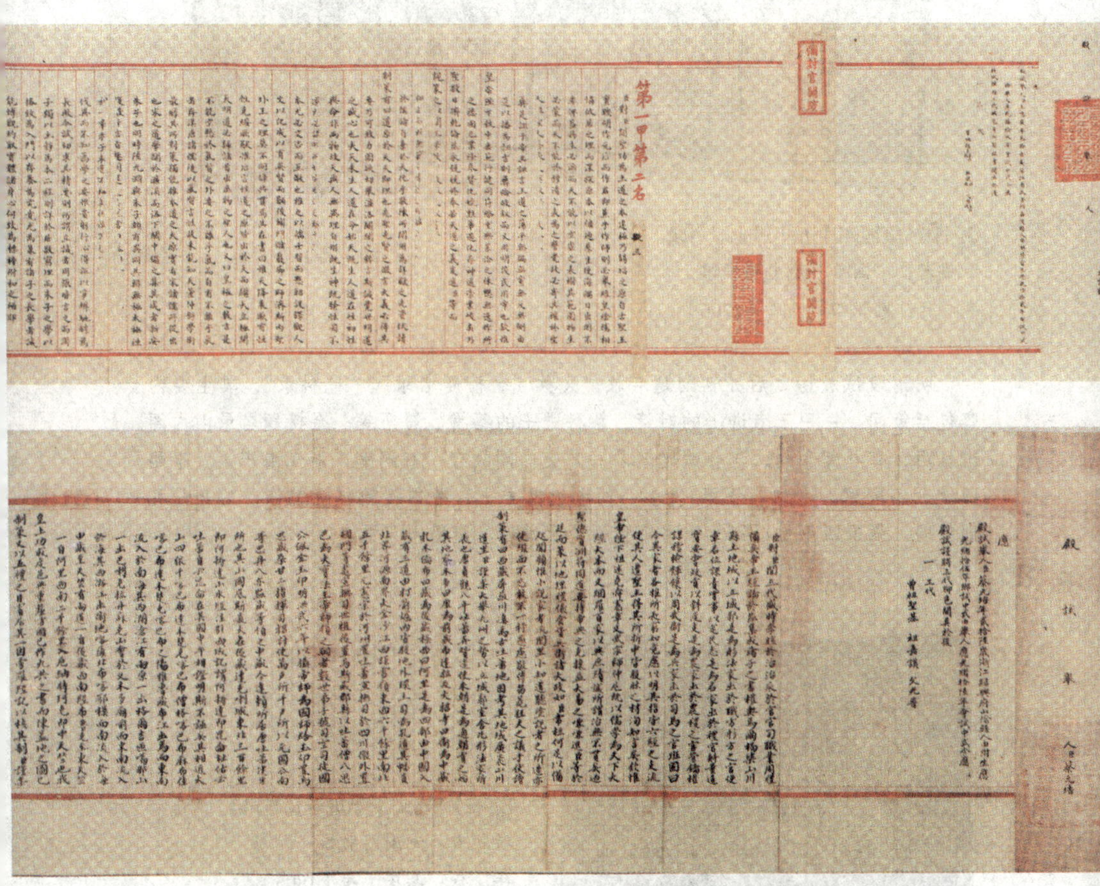

6—9 蔡元培殿试卷

收藏者：中国第一历史档案馆

年　代：光绪十八年（1892）

清初策题一般为两三百字，所问涉及两三个方面内容。至康熙年间，策题越来越长，有时甚至多达五六百字，内容多涉及四个方面。考生根据策题撰写千字以上的对策。此为蔡元培（1868—1940）殿试卷。蔡元培，浙江绍兴山阴县（今绍兴市）人，光绪十八年壬辰科殿试名列二甲第三十四名，赐进士出身，为著名教育家，曾任中华民国首任教育总长、北京大学校长等职。

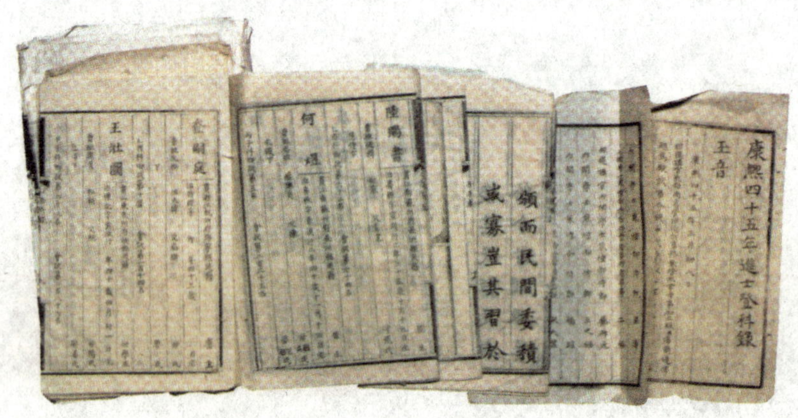

康熙四十五年進士登科錄

王音

頒而民間委積

歲寡豈其習於

6—10《康熙四十五年进士登科录》

收藏者：中国第一历史档案馆

年　代：康熙四十五年（1706）

明清殿试放榜之后亦刊刻题名录，又称“金榜题名录”、“登科录”，其主要内容包括策问，一甲三名进士的对策，新科进士的籍贯、履历等。金榜题名录由内阁进呈后，交礼部刊刻，与会试题名录一并交内阁收存。查嗣庭，浙江海宁人。康熙四十五年殿试，名列二甲第24名，朝考选庶吉士，散馆授翰林院编修，后升任礼部侍郎。雍正四年（1726）因文字狱而死于狱中，遭戮尸枭首。

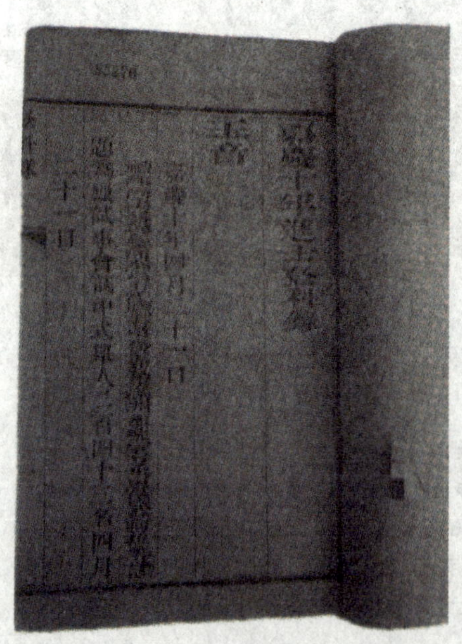

6—11《嘉庆十年进士登科录》

收藏者：湖南图书馆

年　代：嘉庆十年（1805）

嘉庆十年乙丑科殿试共计录取进士243名，其中彭浚、徐颋、何凌汉为三鼎甲，徐松等96人为二甲进士，叶申万等144名为三甲进士。

6—12《光绪十六年进士登科录》(1)

6—13《光绪十六年进士登科录》(2)

收藏者：湖南图书馆

年　代：光绪十六年（1890）

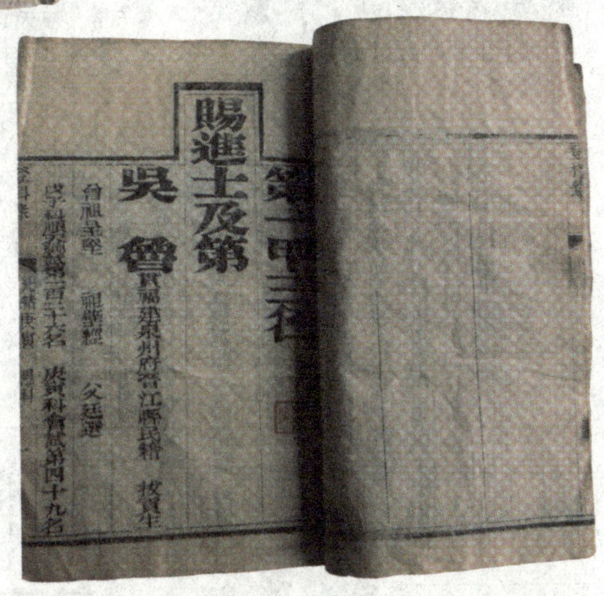

光绪十六年庚寅恩科殿试共计录取进士 328 名，其中吴鲁、文廷式和吴荫培为三鼎甲，萧大猷等 136 人为二甲进士，王肇敏等 187 人为三甲进士。

6—14《历科典试题名鼎甲录》(清朝卷)

收藏者：湖南图书馆

年　代：清代(1644—1911)

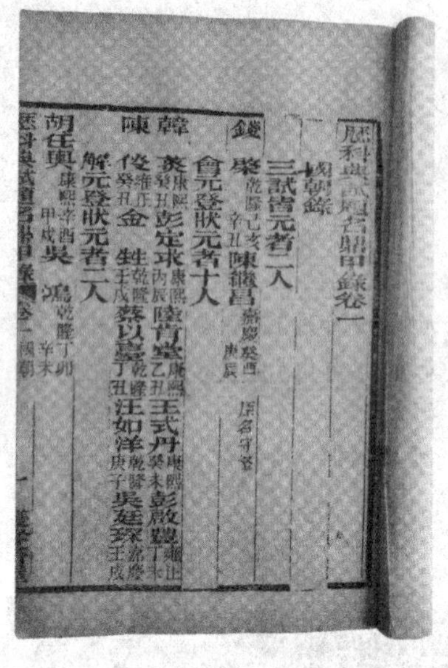

歷科典試題名鼎甲錄卷一

國朝錄

三試皆元者二人

錢棨 乾隆己亥 辛丑　陳繼昌 嘉慶癸酉 庚辰 原名守壑

會元登狀元者十人

韓菼 康熙癸丑　彭定求 康熙丙辰　陸肯堂 康熙乙丑　王式丹 康熙癸未　彭啓豐 雍正丁未

陳倓 雍正癸丑　金甡 乾隆壬戌　蔡以臺 乾隆丁丑　汪如洋 乾隆庚子　吳廷琛 嘉慶壬戌

解元登狀元者二人

胡任輿 康熙辛酉 甲戌　吳鴻 乾隆丁卯 辛未

歷科典試題名鼎甲錄卷一 國朝

该书为黄崇兰编辑，明朝二卷，清朝一卷，对明清殿试三鼎甲的资料进行整理与汇编。有清一代共有114名状元，其中江苏49名，浙江20名，安徽9名，山东6名，广西4名，直隶、江西、湖北、福建、广东各3名，湖南、贵州、满洲各2名，顺天、河南、陕西、四川、蒙古各1名。榜眼为浙江29名，江苏26名，江西10名，安徽7名，福建6名，顺天、山东、湖南、湖北各5名，广东4名，直隶、河南、满洲各2名，陕西、山西、广西、四川、宗室、汉军各1名。探花为江苏42名，浙江27名，湖南6名，江西5名，安徽、湖北、广东各4名，顺天、直隶、山东、山西、汉军各3名，河南、满洲各2名，福建、四川、贵州各1名。会元为江苏40名，浙江22名，直隶、安徽各9名，山东6名，湖北4名，顺天、江西、福建、广东、满洲各2名，陕西、河南、湖南、广西各1名。

6—15 传胪盛典图

来源：《点石斋画报》(酉集)，点石斋石印局，光绪十六年(1890)

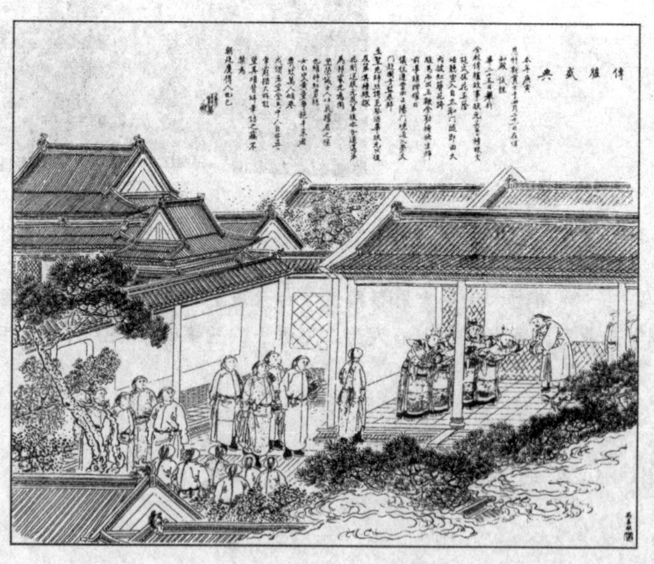

殿试后由皇帝宣布登第进士名次的典礼称为“传胪”。乾隆朝规定，殿试之年的四月二十五日在太和殿举行传胪大典。此图描绘的是光绪十六年传胪大典之盛况。

6—16 康熙十二年小金榜

收藏者：中国第一历史档案馆

年　代：康熙十二年（1673）

清代殿试之后，公布名次的榜单用表里二层的黄纸书写，故称“黄榜”、“金榜”。金榜有大金榜和小金榜两种。小金榜则由内阁中书填写后，交给奏事处进呈，以供皇帝御览，御览之后交由大内保存。该科殿试共录取新科进士 166 名，一甲三名，状元、榜眼和探花分别为韩菼、王度心和徐秉义。二甲进士 40 名，三甲进士 123 名。

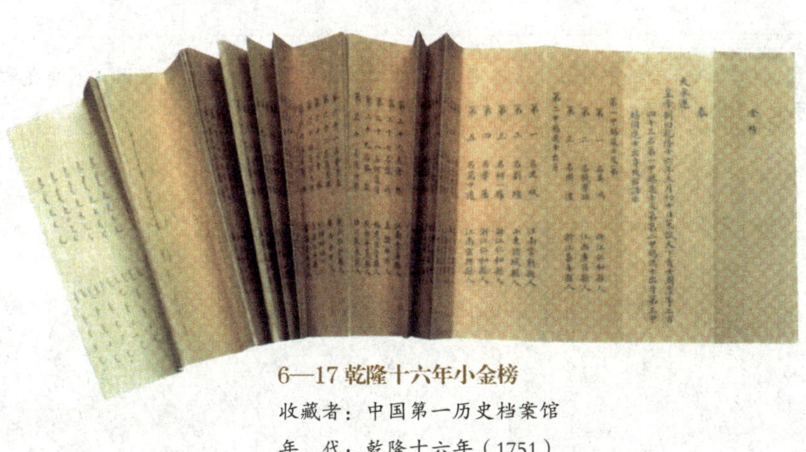

6—17 乾隆十六年小金榜

收藏者：中国第一历史档案馆

年　代：乾隆十六年（1751）

该科殿试共录取新科进士 243 名，吴鸿、饶学曙和周澧名列一甲。二甲进士 70 名、三甲进士 170 名。清代名臣刘墉名列二甲第二名。

6—18 嘉庆四年小金榜

收藏者：中国第一历史档案馆

年　代：嘉庆四年（1799）

该科殿试共录取新科进士 220 名，状元、榜眼和探花分别是姚文田、苏登兆和王引之。二甲 74 名，三甲 143 名。

6—19 咸丰六年大金榜

收藏者：中国第一历史档案馆

年　代：咸丰六年（1856）

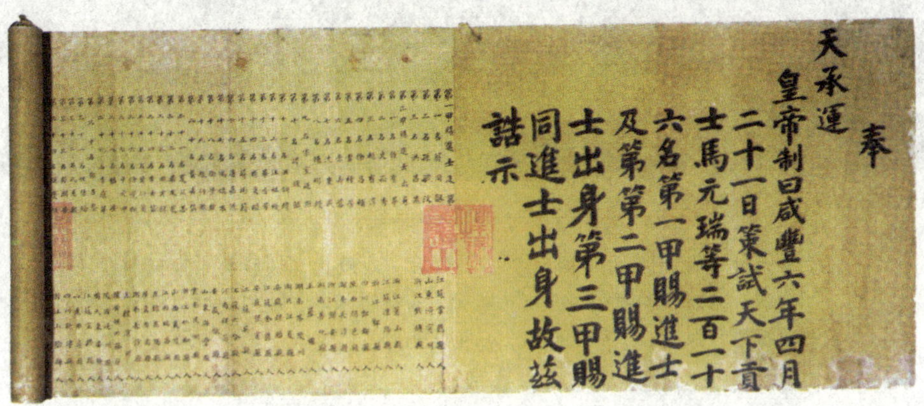

大金榜是传胪大典的当天，张挂在东长安门前的告示，其上钤盖“皇帝之宝”玉玺，张挂时间为三天。该科殿试共录取新科进士216名，一甲三名，状元、榜眼和探花分别为翁同龢、孙毓汶和洪昌燕。二甲进士100名，三甲进士113名。

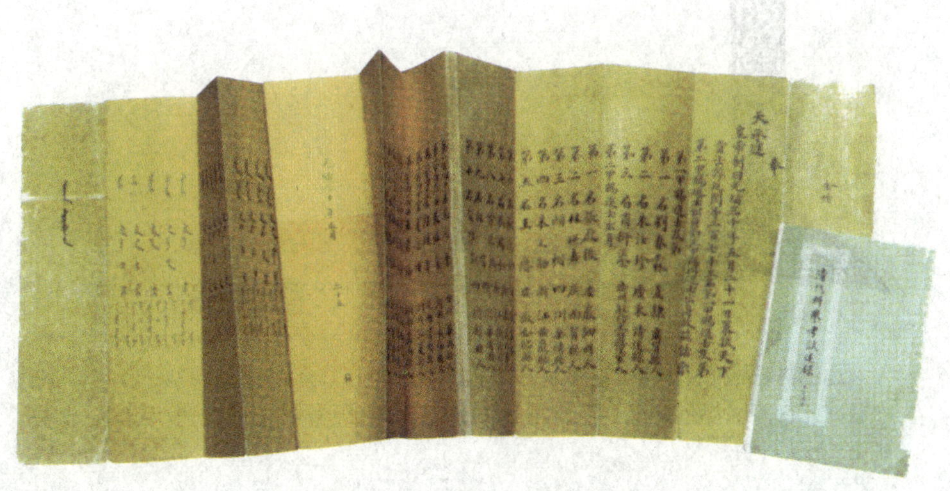

6—20 光绪三十年甲辰科殿试小金榜

6—21 光绪三十年甲辰科殿试大金榜

收藏者：上海中国科举博物馆

年　代：光绪三十年（1904）

光绪三十年甲辰科为中国科举史上最后一次殿试，该科共录取新科进士 273 名，刘春霖、朱汝珍和商衍鎏分别为状元、榜眼与探花，他们是中国科举史上的末科状元、榜眼和探花。二甲 120 名，三甲 150 名。

6—22 三枝九叶图

来源：EtienneZi(siu)，PratiquedesexamenslittérairesenChine，1894

进士朝冠的冠顶座用黄金镂花，顶上插三枝九叶。贡士在金殿传胪之日，要头戴三枝九叶顶，按名次排立在文武各官东西班之次，向皇帝行礼，恭听宣布名次。此为进士三枝九叶图。

奉天承運
皇帝制曰光緒三十年五月二十一日策試
天下貢士譚延闓等
二百七十三名第一甲
賜進士及第第二甲
賜進士出身第三甲
賜同進士出身故茲
誥示

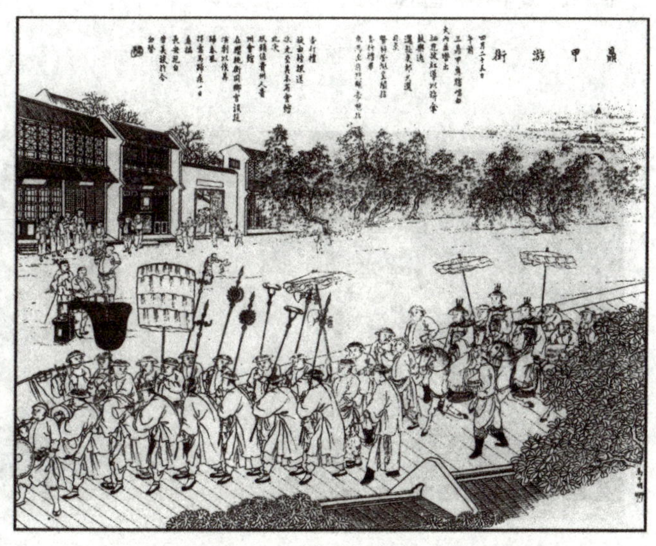

6—23 鼎甲游街图

来源：《点石斋画报》(庚集)，点石斋石印局，光绪十二年（1886）

新科进士上谢表之后，由状元带领前往北京文庙，拜谒先师孔子，行释菜礼，孔子及四配由状元主献，东西十哲位由榜眼、探花分献，东西庑由二、三甲第一名分献。完成祭祀之后，新科进士换上补服，前往彝伦堂拜见国子监祭酒、司业。在他们前往文庙的沿途，京城市民争睹三鼎甲和诸位新科进士的风采。

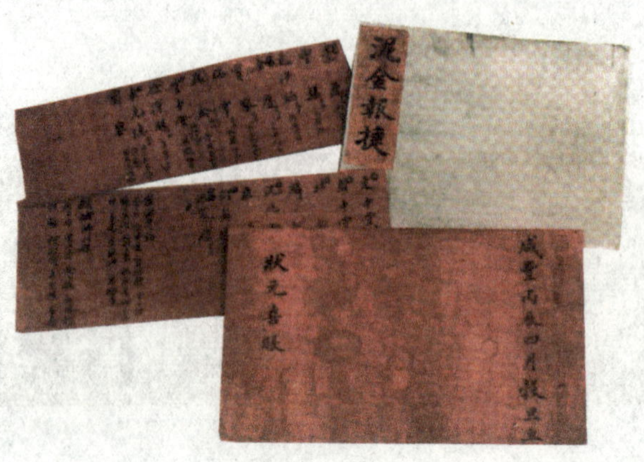

6—24 翁同龢泥金捷报和状元喜帐

收藏者：中国第一历史档案馆

年　代：咸丰六年（1856）

6—25 翁同龢“状元”匾

收藏者：第一历史档案馆

年　代：咸丰六年（1856）

上为翁同龢考中状元之后的泥金捷报和状元喜帐。翁同龢（1830—1904），江苏常熟人，咸丰六年丙辰科状元。充任陕甘乡试副主考官、会试同考官。历任刑、工、户部尚书，协办大学士，军机大臣，总理各国事务大臣等，先后为同治、光绪帝师。

6—26 咸丰帝谕令新科进士孙家鼐等人分别授官（附：新科进士清单）

收藏者：中国第一历史档案馆

年　代：咸丰九年（1859）

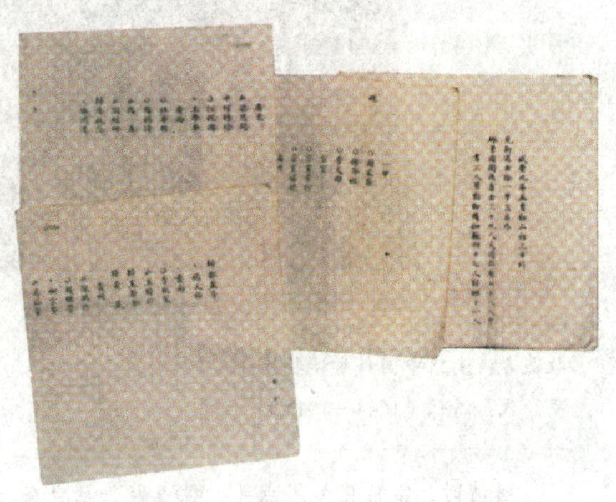

清代状元授翰林院修撰，榜眼、探花授翰林院编修；二甲、三甲通过朝考者为翰林院庶吉士，其余则授主事、中书、行人、评事、博士、推官、知州、知县等职。此次殿试一甲三名，分别为孙家鼐、孙念祖、李文田。

6—27 状元归第玻璃画

收藏者：南京中国科举博物馆

年　代：清代（1644—1911）

状元在京城完成了相关庆祝活动后，会衣锦还乡，让光宗耀祖的愿望成为现实。状元归第玻璃画是以艺术的形式展现读书人的这一最高荣耀。

6—28 独占鳌头平绣

收藏者：南京中国科举博物馆

年　代：清代（1644—1911）

明清时，常常将魁星点斗、独占鳌头融合在一起，使魁星立于鳌头之上，而鳌的形象颇似鲤鱼，是将占鳌头和鲤鱼跃龙门的传说互相糅合之结果，以此来预示科举考试顺利，榜上有名之兆头。此为清代独占鳌头平绣。

6—29 归马如飞图

来源：《点石斋画报》（书集），点石斋石印局，光绪二十一年（1895）

此图描绘来自四川的光绪二十一年乙未科状元骆成骧离京返乡的情景。

6—30 李振钧“状元及第”匾

收藏者：湖南省开元博物馆

年　代：道光九年（1829）

此为李振钧所立状元及第匾。李振钧（1794—1839），安徽太湖县人。道光八年（1828）举人，次年己丑殿试状元，先后授翰林院修撰、文渊阁校理、国史馆和功臣馆纂修。

6—31 刘绎“状元及第”匾

收藏者：湖南省开元博物馆

年　代：道光十五年（1835）

此为刘绎所立状元及第匾。刘绎（1797—1878），江西永丰县人。清道光十五年乙未科殿试状元，授翰林院修撰，后改任山东学政。不久以父母年迈乞归故里。之后，潜心于书院教育，担任白鹭洲书院山长长达20余年。

6—32 萧锦忠“状元及第”匾

收藏者：湖南省开元博物馆

年　代：道光二十五年（1845）

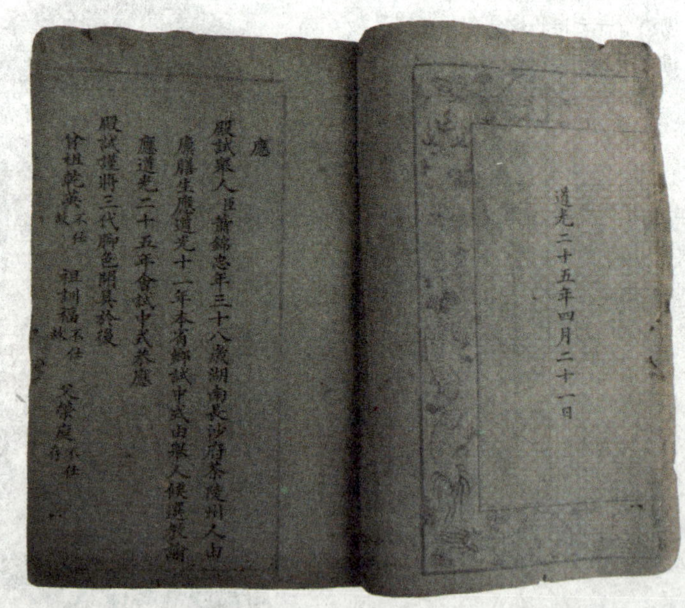

道光二十五年四月二十一日

應
殿試舉人臣蕭錦忠年三十八歲湖南長沙府茶陵州人由
廩膳生應道光十一年本省鄉試中式由舉人候選教諭
應道光二十五年會試中式舉應
殿試謹將三代脚色開具於後
曾祖乾英故不仕　祖桐福故不仕　父學庭存不仕

6—33 萧锦忠殿试策（1）

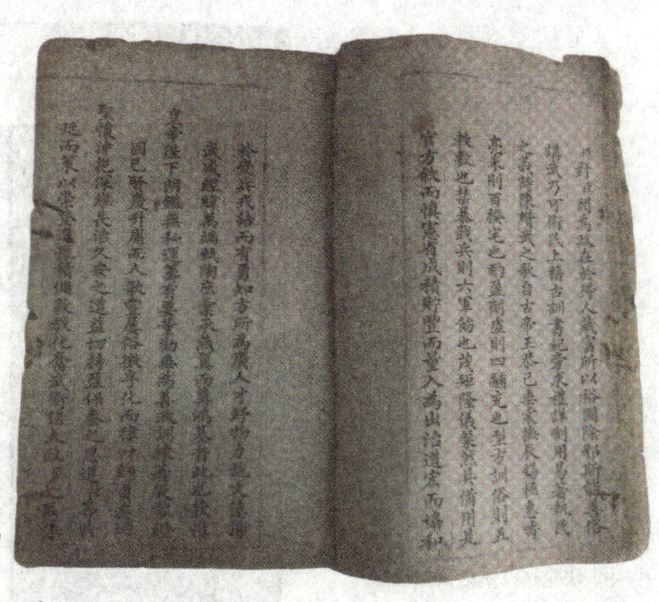

6—34 萧锦忠殿试策（2）

收藏者：湖南图书馆

年　代：道光二十五年（1845）

此为萧锦忠所立状元及第匾和萧锦忠殿试策刊印本。萧锦忠（？—1854），湖南茶陵县人。清道光二十五年乙巳恩科殿试状元。及第之后，归乡省亲。因两个弟弟相继身亡，他上疏辞官，回家侍奉父母。赡养双亲期间，他闭门著书，潜心学问。咸丰四年（1854）冬，因烤炭火中毒身亡。

6—35 赵以炯“状元及第”匾

收藏者：湖南省开元博物馆

年　代：光绪十二年（1886）

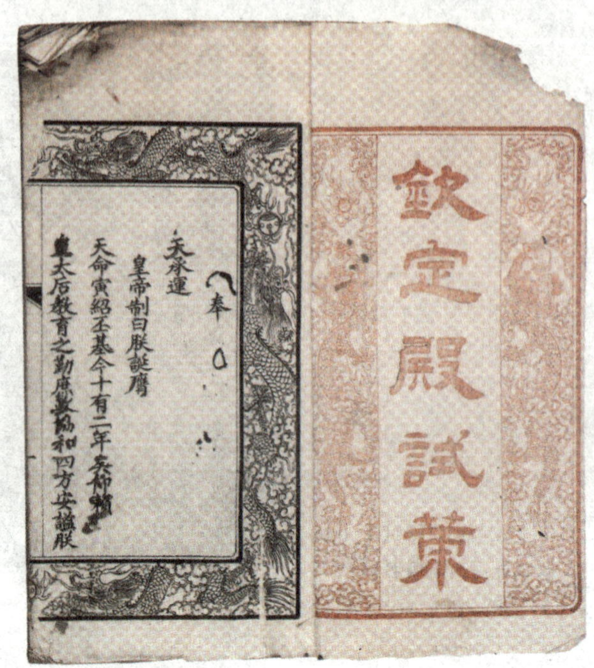

欽定殿試策

奉天承運
皇帝制曰朕誕膺
天命寅紹丕基今十有二年矣仰賴
皇太后教育之勤庶徵協和四方安謐朕

6—36 状元赵以炯殿试策（1）

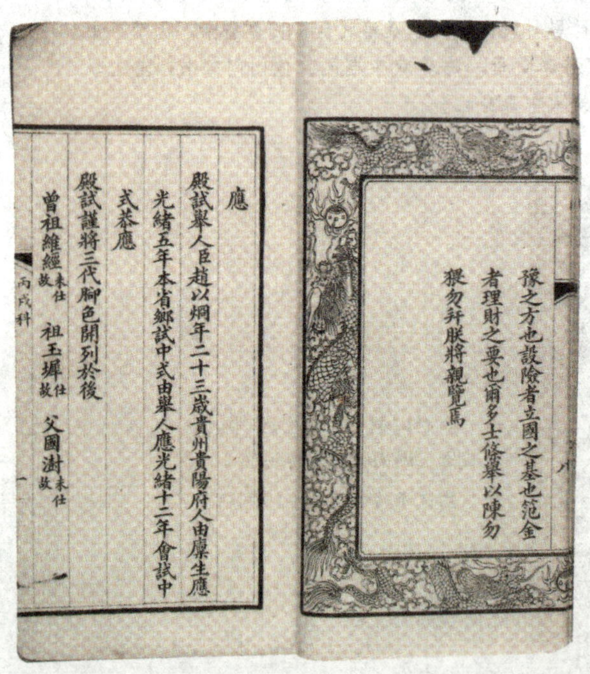

應
殿試舉人臣趙以炯年二十三歲貴州貴陽府人由廩生應
光緒五年本省鄉試中式由舉人應光緒十二年會試中
式恭應
殿試謹將三代腳色開列於後
曾祖維經未仕故　祖玉墀仕故　父國澍未仕故

豫之方也設險者立國之基也范金
者理財之要也爾多士篠舉以陳勿
猥勿幷朕將親覽焉

6—37 状元赵以炯殿试策（2）

收藏者：中国书院博物馆

年　代：光绪十二年（1886）

赵以炯为光绪十二年丙戌科殿试状元。赵以炯（1857—1906），贵州贵阳人。光绪十二年丙戌科殿试名列一甲第一名，高中状元，授翰林院修撰。赵以炯是贵州第一位状元。先后任四川乡试、会试、顺天乡试考官等。光绪二十六年（1900），因丁忧回乡，讲学于学古书院。此为赵以炯立“状元及第”匾和赵以炯殿试策的刊印本。

6—38 陈继昌“三元”匾

收藏者：北京国子监

年　代：清代（1644—1911）

元即第一的意思，科举考试以名列第一者称元。凡在乡试、会试、殿试三次考试中均名列第一名者称为连中三元。陈继昌为嘉庆十八年（1813）癸酉科解元，嘉庆二十五年（1820）庚辰科会元、状元，是清代继钱棨之后第二位“连中三元”者，荣耀至极。

6—39 谢阶树“榜眼及第”匾

收藏者：湖南省开元博物馆

年　代：嘉庆十三年（1808）

此为谢阶树榜眼及第匾。谢阶树（1778—1825），江西省宜黄县人。嘉庆三年（1798）中举。嘉庆十三年应戊辰科殿试，名列一甲第二名，为榜眼，官至侍讲学士。

6—40 罗文俊“探花”匾

收藏者：北京国子监

年　代：道光二年（1822）

此为罗文俊探花匾。罗文俊，广东省南海县人。嘉庆二十四年（1819）己卯科广东乡试中举，道光二年壬午科殿试名列一甲第三名，为探花。

6—41 黎湛枝“传胪”匾

收藏者：北京国子监

年　代：光绪二十九年（1903）

此为黎湛枝传胪匾。二甲第一名称“传胪”。黎湛枝，广东省南海县人。光绪二十九年癸卯科殿试名列二甲第一名，为传胪。1909年钦赐礼部尚书、一品衔，为末代皇帝溥仪之师。

6—42 吴大澂“进士”匾

收藏者：湖南省开元博物馆

年　代：同治八年（1869）

此匾为奕䜣、倭仁、鲍源深为吴大澂题写。吴大澂（1836—1902），江苏吴县人。同治七年（1868）戊辰科会试，主考官为奕䜣、倭仁、鲍源深等，吴大澂名列会试第三名。殿试名列二甲第五名，赐进士出身。历官广东巡抚、河南山东河道总督、湖南巡抚等。

6—43“一门三进士，父子两状元”木雕

收藏者：上海中国科举博物馆

年　代：清代（1644—1911）

6—44 一门三鼎甲图

来源:《点石斋画报》(辰集), 点石斋石印局, 光绪十五年(1889)

此图描绘江苏昆山有听春语的习俗，很多考生用听春语来预测自己的科举仕途。除夕之夜，有人对徐氏三兄弟说“恭喜一门三鼎甲”。后来，他们果然成为三鼎甲，徐元文为顺治十六年(1659)状元，徐乾学和徐秉义分别为康熙九年(1670)和十二年(1673)探花，兄弟三人均登鼎甲，有史家称赞为“同胞三及第，前明三百年所未有也”。

6—45 进士题名碑外景

摄 影 者:李兵

摄影时间:2006 年

进士及第之后，刻名于石碑之上，称题名碑。明清两代沿用元代旧制，在北京国子监立进士题名碑。自顺治三年(1646)丙戌科开始，清廷规定每科殿试后，由工部拨给建碑银100两，交与国子监设立题名石碑。康熙六十年(1721)辛丑科、雍正元年(1723)癸卯科停立题名碑。雍正二年(1724)起，每科均在国子监大成门外立题名碑，并补立了上两科的题名碑。北京国子监现保存清代进士题名碑118通，其中文科112通，翻译科4通，满蒙榜2通。此为北京国子监进士题名碑。

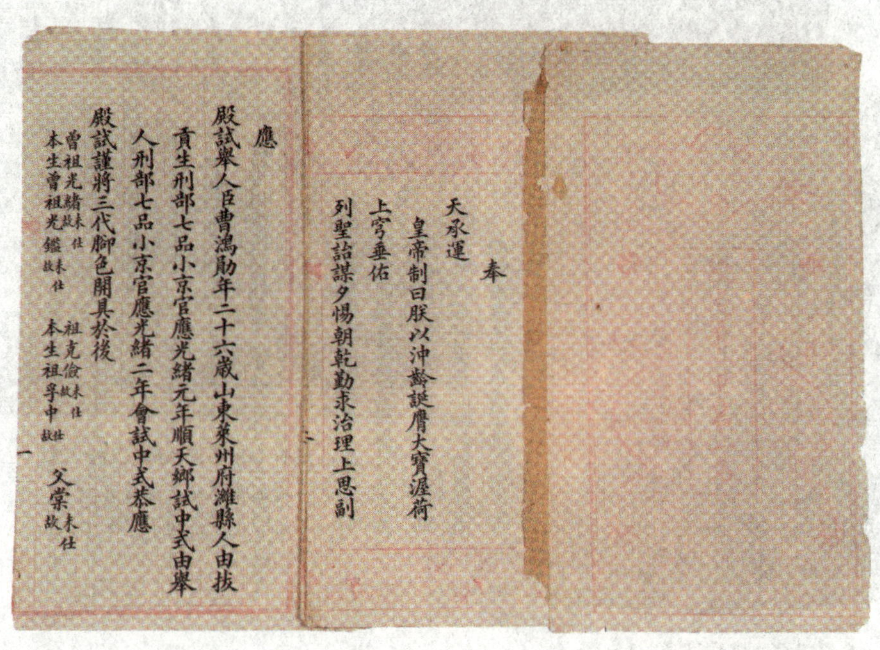

6—46 状元曹鸿勋殿试策

收藏者：上海中国科举博物馆

年　代：光绪二年（1876）

此为光绪二年状元曹鸿勋殿试策印本。曹鸿勋（？—1910），山东潍县（今山东潍坊）人。光绪二年丙子恩科殿试名列一甲第一名，高中状元，授翰林院修撰。历官湖南学政、永昌府知府、贵州按察使、贵州布政使、湖南布政使等职，官至陕西巡抚。

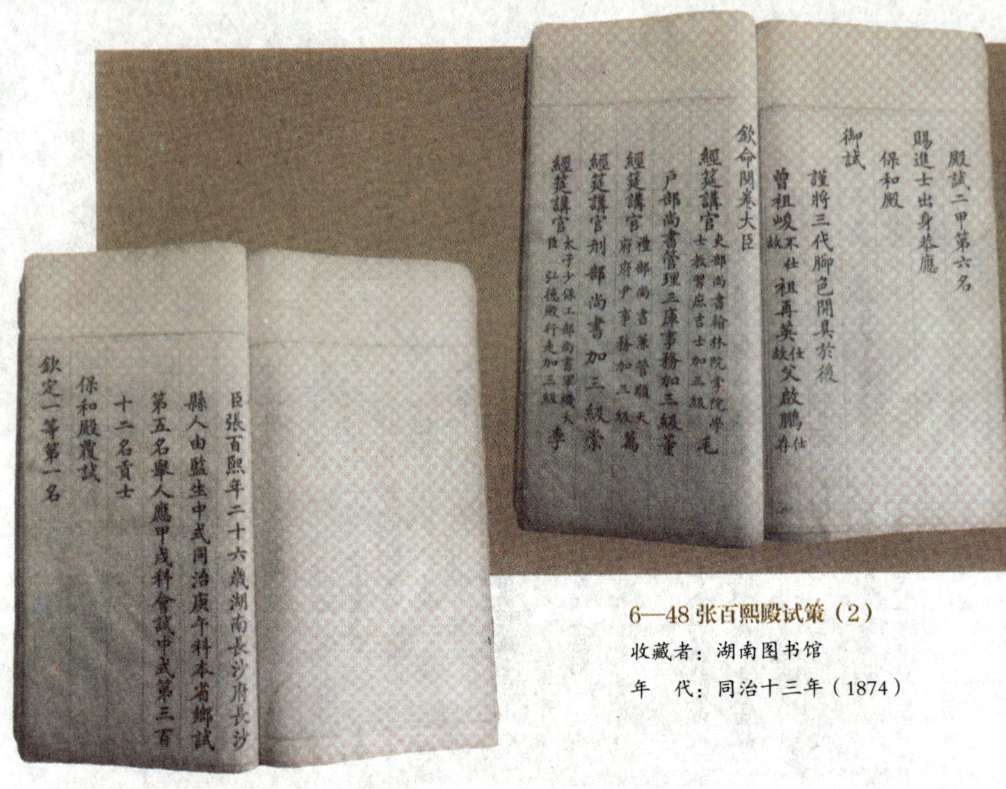

6—48 张百熙殿试策（2）

收藏者：湖南图书馆

年　代：同治十三年（1874）

6—47 张百熙殿试策（1）

此为张百熙殿试策刊印本。张百熙（1847—1907），湖南长沙人。同治九年（1870）考中举人。十三年殿试中式甲戌科二甲第六名进士，选翰林院庶吉士。历任吏部、户部等部尚书及管学大臣等职，官至邮传部尚书。他思想开明，主张施行新政，是中国教育改革的先驱者，制定了中国近代第一个由国家颁布的学制《钦定学堂章程》，时有“大学之父”之美誉。

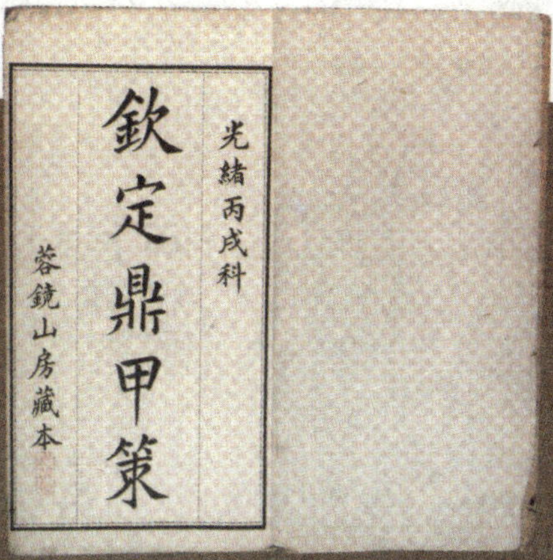

6—49 光绪丙戌科钦定鼎甲策（1）

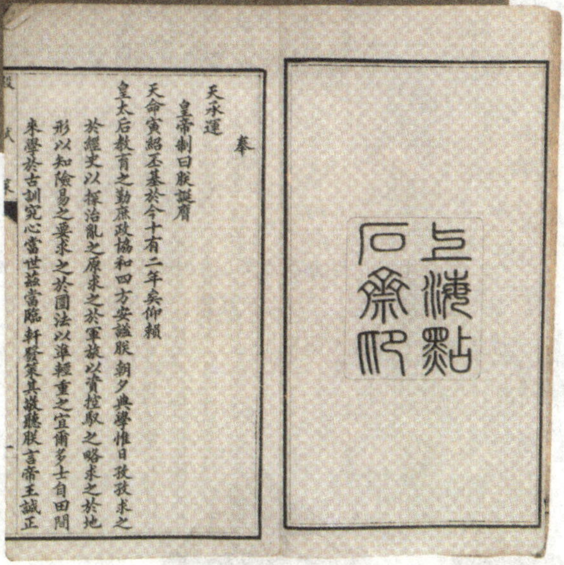

6—50 光绪丙戌科钦定鼎甲策（2）

收藏者：中国书院博物馆

年　代：光绪十二年（1886）

光绪十二年丙戌科殿试，共录取新科进士 319 名。一甲三名，分别为状元赵以炯（贵州贵阳人）、榜眼邹福保（江苏元和县人）、探花冯煦（江苏金坛县人），赐进士及第。二甲 130 名，赐进士出身。三甲 186 名，赐同进士出身。

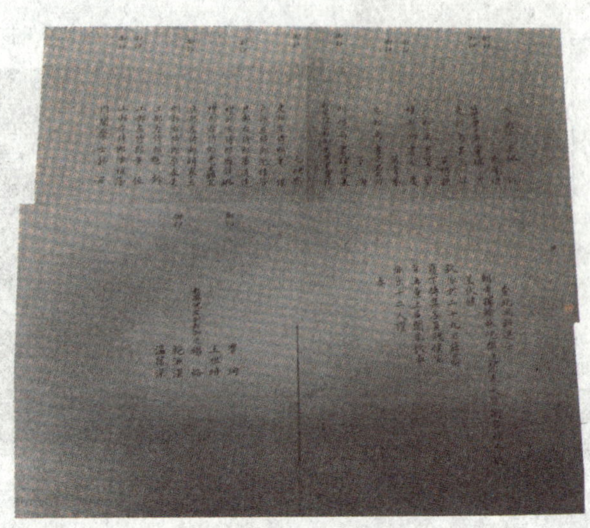

6—51 礼部请派朝考阅卷大臣奏片

收藏者：中国第一历史档案馆

年　代：同治七年（1868）

朝考是殿试后由皇帝亲自主持的新科进士的考试，以选拔翰林院庶吉士，由皇帝选派大臣阅卷，并按考试成绩，综合殿试名次，确定翰林院庶吉士。此为礼部恭请钦派朝考阅卷大臣奏片。

6—52 朝考试题

收藏者：中国第一历史档案馆

年　代：道光朝

朝考的内容多次调整，至嘉庆二十二年（1817）规定，以论、疏、诗三种文体考试，成为定制，一直沿用至清末。此为道光二年（1822）、三年（1823）、六年（1826）朝考题。

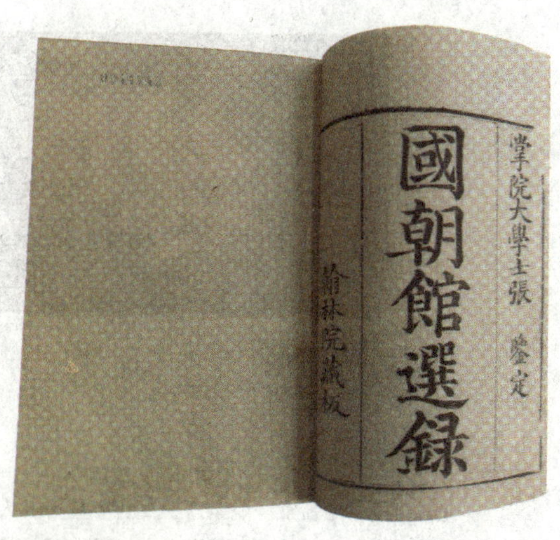

6—53《国朝馆选录》(1)

6—54《国朝馆选录》(2)

收藏者：湖南图书馆

年　代：清代(1644—1911)

新科进士通过朝考，被选为翰林院庶吉士，入翰林院庶常馆学习，称为“馆选”。此为湖南思贤讲舍刊刻翰林院藏板的《国朝馆选录》。

6—55 饶学曙“翰林”匾

收藏者：中国书院博物馆

年　代：乾隆十六年（1751）

此匾为饶学曙所立。饶学曙，江西省广昌县人，乾隆十二年（1747）中举。乾隆十六年辛未科殿试名列一甲第二名，为榜眼，授翰林院编修。累官至詹事府左春坊中允。

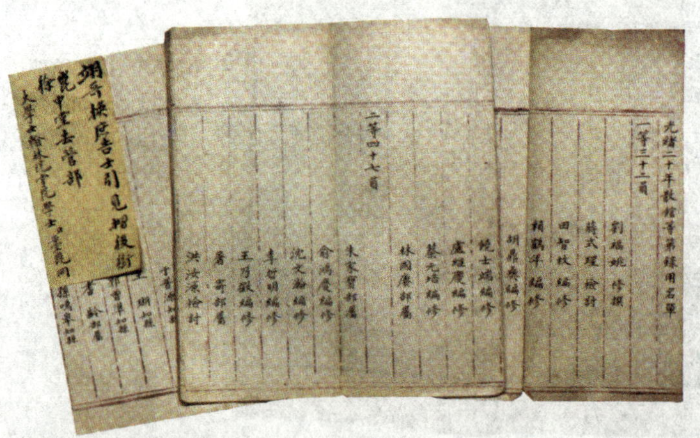
光緒二十年散館等第録用名單

一等三十二名

劉福姚　修撰

蔣式瑆　檢討

田智枚　編修

賴鶴年　編修

胡鼎彝　編修

饒士端　編修

盧維慶　編修

蔡元培　編修

林國賡　部屬

二等四十七名

朱家寶　部屬

俞鴻慶　編修

沈文翰　編修

李哲明　編修

王乃徵　編修

屠寄　部屬

洪汝源　檢討

6—56 翰林院庶吉士散馆等第清单

收藏者：中国第一历史档案馆

年　代：光绪二十年（1894）

被选为庶吉士的新科进士入翰林院学习三年，再经过一次考试，称“散馆”。留在翰林院庶常馆者，称为留馆，授予翰林院编修、检讨等官。其他庶吉士则分派到六部任主事或外用为知县。此份散馆等第清单中，蔡元培名列一等。

七 贡院与考棚

贡院出现在唐代，宋元明清沿用，至明清时期成为乡试、会试的专门考场。明清在京师及各省会城市设立贡院。至清光绪元年（1875），全国有顺天（北京）、江南（南京）、陕西、山东、山西、河南、湖北、福建、江西、浙江、广东、广西、四川、云南、贵州、湖南、甘肃等17座贡院，其中顺天、江南、河南和广东四座贡院被称为清末天下四大贡院。科举废除后，贡院失去了其存在的必要性，有的贡院被改为新式学堂的用房，有的则被拆毁，荡然无存。

7.1 贡院

7—1—1 顺天贡院全图

来源：李鸿章等:《顺天府志》卷一，光绪十二年（1886）

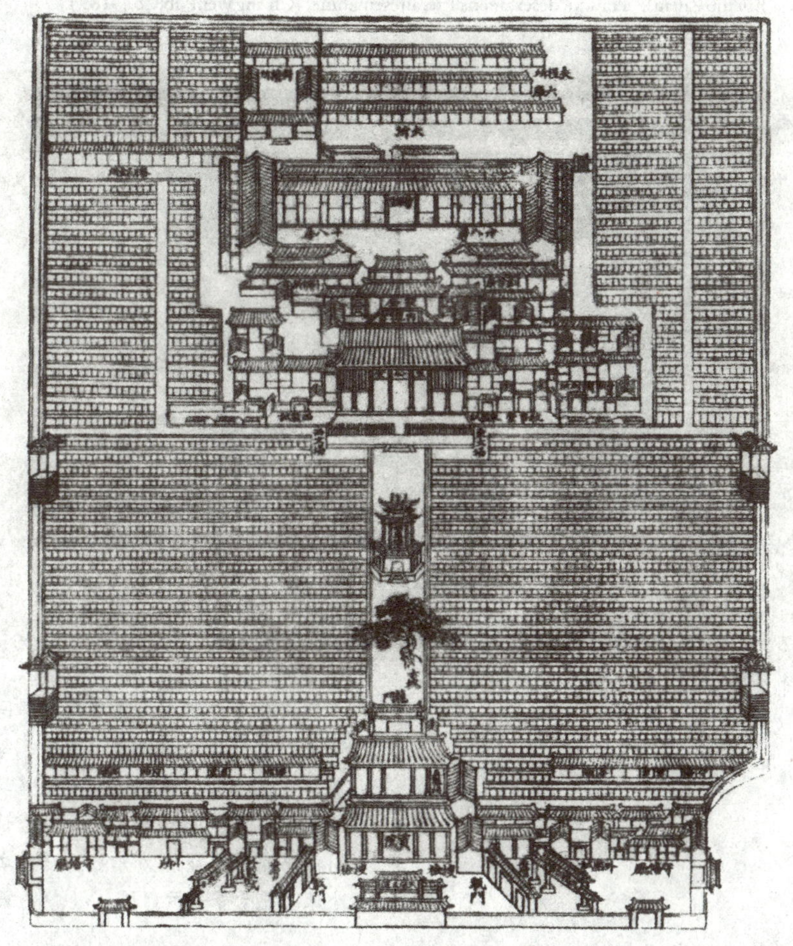

明清时期的贡院已经逐渐形成了较为统一的建筑布局，整齐划一、规模庞大的贡院建筑是所在城市的最大建筑群（仅顺天贡院规模小于紫禁城）和地标性建筑。贡院外部建筑主要包括牌坊、围墙、望楼等。内部建筑则可分为三部分：明远楼与号舍、外帘建筑和内帘建筑。内帘的聚奎堂（衡鉴堂、衡文堂、抡才堂）在整个贡院建筑布局上多与内帘门、外帘门、至公堂、明远楼、龙门、贡院大门同在一条中轴线上。

7—1—2 号舍示意图

来源：EtienneZi(siu)，PratiquedesexamenslittérairesenChine，Ch'engWenPub.Co.，1894

号舍是贡院的主体建筑。每间号舍的号板是由两块木板组成，每块一寸八分厚。考生根据需要移动号板的位置，使它既可以成为考试用的书桌，亦能成为休息、睡觉之小床。此为号舍示意图。

7—1—3 号舍正面、侧面透视图

来源：商衍鎏：《清代科举考试述录》，北京：三联书店，1958 年

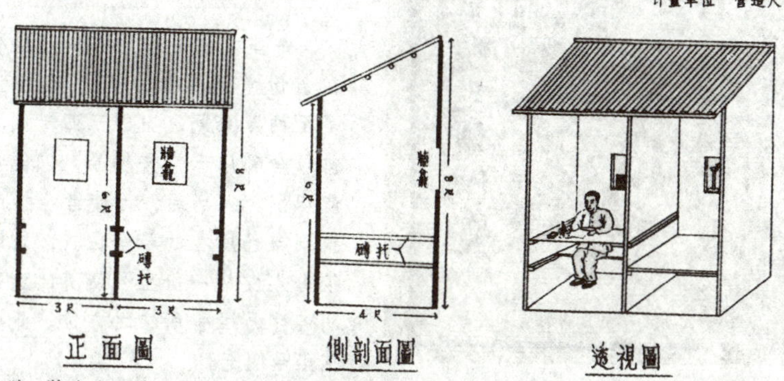

說明：號舍為考生日間考試夜間住宿之所，每人居一間，深四尺，寬三尺。日間考試時，以木板分架上下磚托作枱椅狀，以便書寫，如透視圖之左圖。晚間則將木板全部移置在下之磚托上，以作卧鋪，如透視圖之右圖。因號舍狹小，考生須曲膝而卧。在牆中高約尺許之龕，比牆深陷約三寸，備考生置放油燈書籍。

号舍正面、侧面透视

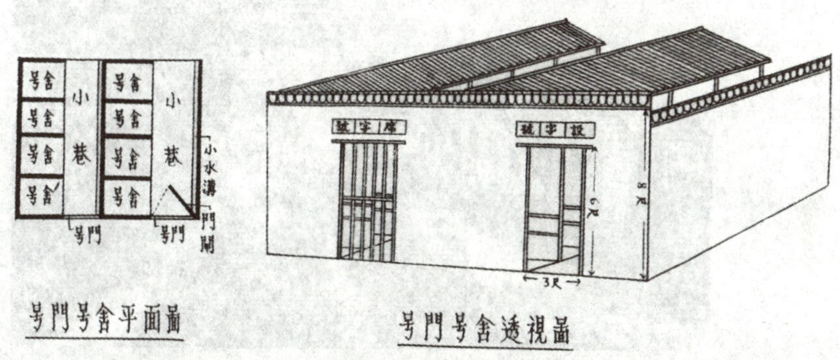

說明　"設字號"、"庳字號"在號門之上，每號外牆高八尺，門高六尺，濶三尺。號門之內有小巷，巷濶約四尺，備考生及監考者之行走。左列有號舍五、六十間至約百間。考生入號門即關閘，如"庳字號"號門者。

号门、号舍平面透视

7—1—4 号门、号舍平面透视图

来源：商衍鎏：《清代科举考试述录》，北京：三联书店，1958 年

贡院号舍三面有墙，南面敞开。每间号舍宽三尺，深四尺，后墙高八尺，前檐约高六尺。在两边砖墙上离地一尺五寸高和二尺五寸高的地方分别留有一道砖托，用于搁号板用。此为末科探花商衍鎏所绘号舍透视图。

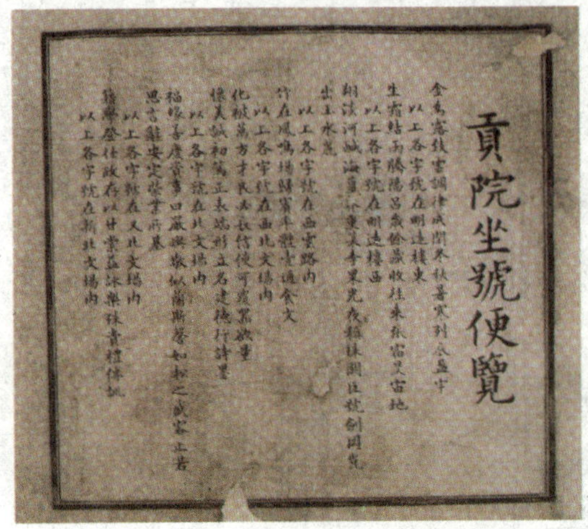
貢院坐號便覽

7—1—5 贡院坐号便览

收藏者：上海中国科举博物馆

年　代：清代（1644—1911）

每座贡院号舍的数量是根据所在省份考生人数的多少来决定的，多至两万余间，少则三四千间。每排号舍都用千字文编号，以便考生能识别。入场时，为使考生能尽快找到自己所在的号舍位置，贡院会给每人发放一份坐号便览，上面标明各字号号舍所在之方位。此为贡院坐号便览。

7—1—6 顺天贡院明远楼

来源：AlfonsMumm(FreiherrvonSchwarzenstein)，EinTagebuchinBildern，Ausführung: GraphischeGesellschaft，1902

顺天贡院建于北京崇文门内东南角上，既是顺天乡试的考场，也是会试的唯一考场，顺天贡院规模宏大，依据科举考试的需要布局。明远楼是贡院最高的建筑，位于贡院甬道中央，为三层楼建筑，二、三层均有柱无墙，或者四面为窗，主要是用于巡考和监考。考试时，监临、外提调、外监试、巡察等官员登上明远楼，居高临下，检查考场有无舞弊的发生。明远楼前有一棵元代古槐，此树形如卧龙，相传它与士子文运密切相关，入场考生莫不对其顶礼膜拜，它俨然是掌握考生文运的文昌帝君，故称“文昌槐”。此为晚清顺天贡院明远楼。

7—1—7 顺天贡院号舍图（1）

7—1—8 顺天贡院号舍图（2）

来源：AlfonsMumm(FreiherrvonSchwarzenstein), EinTagebuchinBildern, Ausführung: GraphischeGesellschaft, 1902

明远楼两侧为号舍。清代顺天贡院号舍的数量不断增加，至道光年间，东西文场共计有号舍176排，10420间。顺天贡院成为仅次于紫禁城的京城第二大建筑群。此为顺天贡院排列整齐的号舍。

7—1—9 八国联军毁坏后的顺天贡院

来源：AlfonsMumm(FreiherrvonSchwarzenstein), EinTagebuchinBildern, Ausführung: GraphischeGesellschaft, 1902

1900 年，八国联军攻占北京，德军大肆掠夺顺天贡院材料，号舍十毁八九，内帘及龙门以外一带建筑尽行拆毁，仅存明远楼、至公堂、监临堂等建筑，贡院已完全无法使用，此后顺天乡试和会试被迫改在开封的河南贡院举行。此为八国联军毁坏后的顺天贡院。

7—1—10 鸟瞰江南贡院

来源：RobertEllsworthLewis，EducationalconquestoftheFarEast，F.H.Revellcompany，1903

7—1—11 江南贡院鸟瞰上色图

收藏者：中国书院博物馆

年　代：清代（1644—1911）

位于南京的江南贡院又称“南闱”，与被称为“北闱”的顺天贡院齐名。南宋乾道四年（1168），南京建有考棚，为解送考试的场所。明太祖朱元璋定都南京，江南贡院为乡会试考场。明成祖朱棣迁都北京后，江南贡院仅为江南士子乡试的考场。清代江南贡院是全国规模最大的贡院，号舍最多达到了20644间，同时容纳江苏、安徽两省士子应试。从这里走出去的清代举人中，高中状元者多达50余名。此为晚清江南贡院鸟瞰图。

7—1—12 江南贡院正门牌坊图（1）

来　源：HarlanPageBeach，DawnontheHillsofT’angorMissionsinChina，Studentvolunteermovementforforeignmissions，1901

7—1—13 江南贡院正门牌坊图（2）

来源：EtienneZi(siu)，PratiquedesexamenslittérairesenChine，Ch’engWenPub.Co.，1894

江南贡院有东西辕门，辕门两旁安装木栅，防止与考试无关闲杂人员进出。辕门正中南向为贡院大门。东西辕门内有“明经取士”、“为国求贤”两坊。此为晚清江南贡院正门牌坊图。

7—1—14《监临部院刊给士子入闱简明规约十二条》

收藏者：上海中国科举博物馆

年　代：道光十二年（1832）

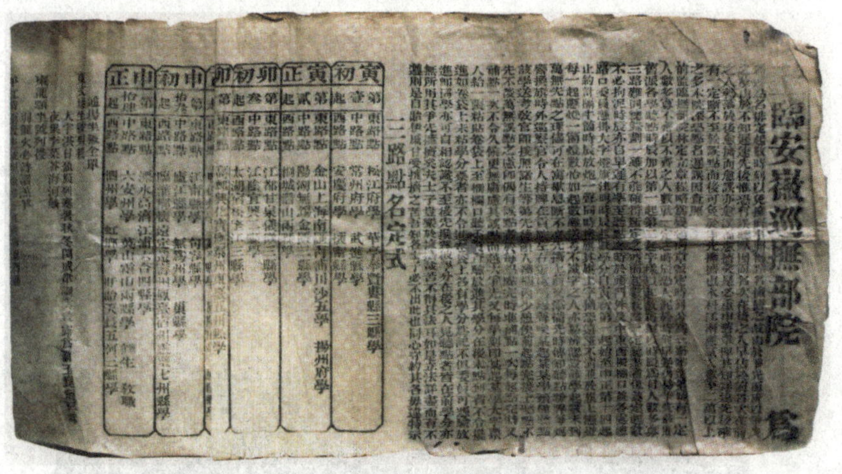

7—1—15《三路点名定式》

收藏者：南京中国科举博物馆

年　代：清代（1644—1911）

林则徐为嘉庆十六年（1811）进士。道光十二年(1832)、十四年（1834)、十五年（1835）三次以江苏巡抚的身份担任江南乡试的监临官。此规约为林则徐以江苏巡抚的身份出任江南乡试监临时制定的，不仅加强了对江南贡院的制度建设，而且通过分三路点名的入场方式极大地提高了入场的速度。

7—1—16 江南贡院明远楼

来源：杉江房造：《金陵胜观》(Souvenirof Nanking)，1910 年

7—1—17 修复后的江南贡院明远楼

拍 摄 者：李兵

摄影时间：2014 年

江南贡院明远楼始建于明嘉靖十三年（1534），清代沿用。“明远”二字取自《大学》“慎终追远，明德归厚”。楼高三层，底层四面为门，楼上两层四面皆为窗户。江南贡院明远楼为江南贡院保存最好的建筑之一，也是江南贡院的标志性建筑。

7—1—18 江南贡院号舍

来源：杉江房造：《金陵胜观》(Souvenirof Nanking)，1910 年

7—1—19 修复后的江南贡院号舍

拍 摄 者：李兵

摄影时间：2014 年

明清两代，无数江南才子曾经在这号巷中屈身应试，江南贡院考中的举人在会试、殿试中有着极强的竞争力，从江南贡院走出去的状元仅清代就多达50余名，占整个清代114名状元的半壁江山，他们之中不少人成为清廷重臣。然而，由于明清实行分省录取，清代江南乡试录取名额也在120名左右，录取比例接近二百分之一，因此大多数的江南士子不能逃脱名落孙山的命运，只能蹉跎一生。

7—1—20 修复后的江南贡院至公堂

拍 摄 者：李兵

摄影时间：2014 年

至公堂为命题、阅卷官员之外的负责考务、试卷前期处理官员的工作之所，设有掌卷所、受卷所、弥封所、誊录所、对读所等部门。

7—1—21 飞虹桥（1）

7—1—22 飞虹桥（2）

拍 摄 者：李兵

摄影时间：2014 年

江南贡院飞虹桥始建于明代，是连接外帘与内帘的桥梁。内外帘的工作人员只能在帘外或者桥的另一头与主考官沟通，根本不可能进行私下交流，以防止承担不同任务的内外帘工作人员串通作弊。

7—1—23 江南贡院碑刻

收藏者：南京中国科举博物馆

年　代：康熙三十八年（1699）

江南贡院现存有 15 通清代碑刻，是记载江南贡院的重修、考官题名等的珍贵史料。

7—1—24 河南贡院碑亭

7—1—25《改建河南贡院记》局部

7—1—26《重修河南贡院碑记》局部

拍 摄 者：李兵

摄影时间：2008 年

位于开封的河南贡院始建于顺治十六年（1659）。雍正九年（1731）迁建，规模扩大。道光二十四年（1844），贡院毁于黄河洪水，旋即重建。顺天贡院被毁后，光绪二十八年（1902）、二十九年（1903）两次顺天、河南乡试，以及光绪二十九年、三十年（1904）会试均在河南贡院举行。而光绪三十年的甲辰会试是最后一科会试，因此河南贡院是延续了1300年的科举考试的终结之地。现存于河南大学内的贡院碑亭，及《改建河南贡院记》（雍正十年）、《重修河南贡院碑记》（道光二十四年）成为河南贡院变迁的历史见证。

7—1—27 广东贡院牌楼

来源：PopularScience，1906 年

7—1—28 广东贡院甬道及两侧号舍

来源：RosswellHobartGraves, FortyyearsinChina: or, Chinaintransition, R.H.Woodwardcompany, 1895

7—1—29 广东贡院号舍

来源：J.R.Chitty，ThingsseeninChina，1909

7—1—30 明信片上的广东贡院明远楼

来源：中国书院博物馆

年代：清代末期

7—1—31 广东贡院红楼

拍 摄 者：李兵

摄影时间：2006 年

广东贡院始建于宋代。康熙三十三年（1694），广东巡抚李士桢改建贡院于城南东南隅的承恩里，中为明远楼，东西号舍 5000 间。此后多次扩建。至同治六年（1867），号舍多达 11708 间，规模宏大。废科举后，清廷在此设立两广优级师范学堂，除明远楼（俗称红楼）以外的贡院建筑全部被拆除。

7—1—32 四川成都贡院鸟瞰图

摄 影 者：Luther Knight

摄影时间：1912 年

四川成都贡院始建于康熙四年（1665），次年即举行丙午科乡试。成都贡院各类建筑共计 13000 余间，同治二年（1863）彻底重修。此图为成都贡院明远楼与号舍，明远楼的气势、规模不亚于顺天贡院和江南贡院。

7—1—33 四川成都贡院乾隆御书“旁求俊乂”牌坊

摄 影 者：Luther Knight

摄影时间：1912 年

此为乾隆四年（1739）于至公堂前所建石牌坊，上有乾隆御书“旁求俊乂”四字，牌坊正中檐下悬有“御书”木牌。

7—1—34 修复后的云南贡院至公堂

7—1—35 修复后的云南贡院号舍

拍 摄 者：李兵

摄影时间：2007 年

云南贡院始建于明景泰四年（1453），弘治十二年（1499）迁建今址。明清时，多次修缮和扩建。南北中轴线上有明远楼、至公堂、衡鉴堂，东西两侧为号舍。云南贡院至公堂曾为明末南明王朝的军政中枢。后改为云南大学校舍，至公堂得以保留。

7—1—36 陕西贡院明远楼

来源：足立喜六：《長安史迹の研究》，日本昭和八年（1933）

陕西贡院建于明代。道光十五年（1835）大规模重修、扩建。同治十二年（1873）再次增建，号舍多达11000余间，成为西北地区规模最大的建筑群。此为日本学者足立喜六在陕西高等学堂任教时所拍摄的陕西贡院明远楼。

7—1—37 甘肃贡院至公堂

7—1—38 甘肃贡院至公堂外景

摄 影 者：李兵

摄影时间：2007 年

左宗棠（1812—1885）于同治十二年（1873）任陕甘总督，奏请甘肃与陕西分闱乡试，光绪元年（1875）建成贡院，甘肃考生可以免除远赴西安参加乡试之苦。此为左宗棠手书甘肃贡院“至公堂”匾。

7—1—39 甘肃贡院万源阁

摄 影 者：李兵

摄影时间：2007 年

明远楼原于贡院内，于民国八年（1919）迁建于兰州五泉山，更名为“万源阁”。

7.2 考棚

考棚是明清时期各府州县所设的临时性考场，又称试院、贡院、试舍等。考棚主要用于举行县试、府试、院试等。考棚多为临时建筑，因此较为简陋，甚至无法遮风避雨。考棚内不设号舍，仅有长桌和长凳。

7—2—1 重修的阆中贡院正门

7—2—2 重修的阆中贡院至公堂

摄 影 者：李兵

摄影时间：2007 年

阆中考棚又称川北道贡院。顺治九年（1652），为补行辛卯科乡试，在保宁府（阆中）举行四川乡试。此后，甲午、丁酉、庚子三科皆在阆中。至康熙二年（1663）始移至成都举行。嘉庆二十二年（1817）川北道黎学锦重修。此图为新修复后的阆中贡院正门和至公堂。

7—2—3 广东院试考场

收藏者：广东省档案馆

年　代：清代末期

学政驻地在省城，其衙门是驻地的府、州、县生童参加岁试、科试和院试的考场。场内不设号舍，只有长桌和长凳，一般为宽2尺，长2～3丈的长木板。每张桌子上相隔几尺就会贴有座位号，考生对号入座，考试的时间为一天。此图为清末广东学政署内的院试考场。

7—2—4 泰州学政试院大门

摄 影 者：李兵

摄影时间：2010 年

泰州的学政试院原为明凤抚军使衙门，康熙年间改为学政试院，为扬州府属江都、甘泉、仪征、宝应、高邮、兴化、泰州、东台等八州县考生院试的考场。此为修复后的江苏泰州学政试院。

7—2—5 苏州考棚

来源：WilliamEdgarGeil, EighteenCapitalsofChina, J.B.Lippincottcompany, 1911

因考棚多是临时建筑，因此一般较为简陋，甚至无法遮风避雨。此图为晚清苏州考棚。

7—2—6 大理府考试院

摄 影 者：李兵

摄影时间：2006 年

在云南大理古城。始建于明代，是明清时期滇西一带科举的考场。现存考棚建筑重建于清同治十二年（1873）。

7—2—7 定州贡院魁阁号舍外景

7—2—8 定州贡院魁阁号舍内景

摄 影 者：李兵

摄影时间：2008 年

有的地方将考棚亦称之为贡院。河北定州考棚，又称定州贡院，始建于乾隆三年（1738），为定州直隶州所辖曲阳、新乐、深泽等县考生府试、岁试、院试考场。道光十二年（1832）知州王仲槐整修。图为新修复后的定州贡院魁阁号舍外景和内景。

7—2—9 绩溪县考棚

摄 影 者：李兵

摄影时间：2009 年

在安徽省绩溪县城内，始建于明正德七年（1512），清代沿用。考棚分头门和候考厅两部分，建筑保留徽派特色。

7—2—10 慈城校士馆外景

7—2—11 慈城校士馆至公堂

7—2—12 慈城校士馆衡鉴堂

摄 影 者：李兵

摄影时间：2007 年

校士馆，即考棚。慈城校士馆位于浙江宁波，慈城乡贤郑廷荣父子捐银 24000 两于道光十五年（1835）创建。后被毁。依清代校士馆图重建的建筑为中轴对称布局，中轴线上由南向北分别为大门、仪门、至公堂、二堂、挑试所；左右轴线上建有文场、公祠等。

7—2—13 昭化考棚大门

7—2—14 昭化考棚至公堂

摄 影 者：李兵

摄影时间：2012 年

位于四川省广元市昭化古城内。据（同治）《重修昭化县志》载：道光十九年（1839）由龙门书院改建，设置 30 间号舍，置桌凳 322 号。科举停废之后，改设高等小学堂。2008 年修复。

7—2—15 玉山考棚号舍外景

7—2—16 玉山考棚号舍

摄 影 者：李兵

摄影时间：2014 年

玉山考棚始建于乾隆五十七年（1792），由知县丁如玉创建，后来因年久失修倒塌。道光十八年（1838），知县张兼山倡建，由阖邑商人捐款在原址上修建。咸丰年间，因兵变被毁。同治六年（1867），王大枚重修。此为新近修复的玉山考棚。

7—2—17 蒲城考院大门

7—2—18 蒲城考院号舍

摄 影 者：李兵

摄影时间：2014 年

蒲城考院在陕西蒲城。清光绪二十一年（1895），由知县张荣升倡建，士绅共同出资创建。科举停废后，考院改为蒲城县第一高等小学，后名为蒲城县东槐院小学。此为新近修复的蒲城考院，在此处设清代考院博物馆。

7—2—19 建水学政考棚外景

7—2—20 建水学政考棚号舍

摄 影 者：李兵

摄影时间：2014 年

建水学政考棚始建于明代，旧址在建水县城内东南隅，康熙三十年（1691）迁建，为云南学政院试、岁试和科试的考场。考棚以甬道为中轴线严格对称，形成六进院落，其中一进为鼓厅、号门，二进为龙门，三进设东西文场，四进为至公堂，五进为戒慎堂，六进为学政署。

武
八
举

武举又称武科，是古代专为选拔武职人才而设置的科目。武举始创于唐武则天长安二年（702）。清代沿袭明制，并在此基础上建立了较为完善的武举制度。自顺治初年下诏举行武举，历250余年，从未间断。至光绪二十七年（1901），因武举的考试内容与现实明显脱节，慈禧太后宣布废除武举。武举制度在中国历史上前后延续近1200年，是古代科举制度的组成部分。

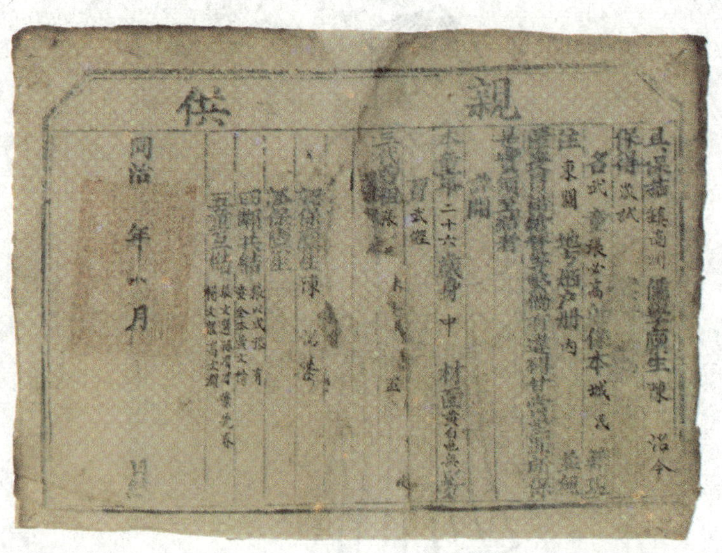

親供

同治　年　月

8—1 武童亲供单

收藏者：南京中国科举博物馆

年　代：同治年间

武科报考程序基本与文科相同。武童前往本县署礼房报名，亲自填写姓名、籍贯、年岁，以及父祖三代存殁、已仕、未仕的履历。同时报考的五名考生要互结，并与廪生保结，以保证考生无冒籍、匿丧、顶替、假捏姓名，家身清白，非倡、优、皂、隶之子孙等。

8—2 武童生马箭考试图

来源：EtienneZi(siu)，PratiquedesexamensmilitariesenChine，Ch'engWenPub.Co.，1896

8—3 武童生步箭考试图（1）

8—4 武童生步箭考试图（2）

8—5 武童生步箭考试图（3）

来源：EtienneZi(siu), PratiquedesexamensmilitariesenChine, Ch'engWenPub.Co., 1896

清代武童试包括县试、府试和院试三次考试。县试时间多在二月，府试多在四月。县试由知县主考，府试由知府、直隶州知州、直隶厅同知主考，顺天府所属州县，由顺天府丞主考。院试由学政案临各地进行，每三年举行一次。武童试先考外场，后考内场。外场头场考马箭，考生驰马发三箭，仅淘汰全部不中者。二场考步箭，考生连发五箭，淘汰全不中或者只中一箭者。内场为笔试，旧考策论，后改为默写《武经》。此为武童生马箭考试图和步箭考试图。

8—6 四川武乡试考官合影

来源：RobertLoganJack, TheBackBlocksofChina. AnarrativeofexperiencesamongtheChinese, Sifans, Lolos, Tibetans, ShansandKachins, betweenShanghaiandtheIrrawadi, Elibron.com, 1904

清代武乡试三年一次，子、卯、午、酉年为正科，逢庆典之年举行的为恩科。顺天武乡试考官外场由大学士、都统四人担任，会同兵部侍郎、顺天府府尹、府丞以及御史组织考试，并派皇子、大臣监督；内场正副主考官由翰林院官出任。其余各省以该省巡抚为监临、主考官，如有总督之省份，则以总督为监临，巡抚为主考。此为清末四川武乡试考官合影。

8—7“甲午河南武乡试大主考”匾

收藏者：北京励志堂科举匾额博物馆

年　代：清代（1644—1911）

各省武乡试内场选科甲出身的同州、知县四人为同考官阅卷。外场则由相近省份提督、总兵一人任同考官。监试、提调、执事等在本省官员中选派。此为河南武乡试大主考官匾。

8—8 武乡试马箭考试图

来源：EtienneZi(siu), PratiquedesexamensmilitariesenChine, Ch'engWenPub.Co., 1896

8—9 江南武乡试马箭考试图

来源：EtienneZi(siu), PratiquedesexamensmilitariesenChine, Ch'engWenPub.Co., 1896

8—10 武举马箭考试图

来源：Gray, JohnHenry, China: ahistoryofthelaws, mannersandcustomsofthepeoplevol2, 1878

8—11 武乡试步箭考试图（1）

来源：EtienneZi(siu), PratiquedesexamensmilitariesenChine, Ch'engWenPub.Co., 1896

8—12 武乡试步箭考试图（2）

来源：EtienneZi(siu), PratiquedesexamensmilitariesenChine, Ch'engWenPub.Co., 1896

8—13 武乡试步箭考试图（3）

来源：Gray, JohnHenry, China: ahistoryofthelaws, mannersandcustomsofthepeoplevol2, 1878

武乡试分三场，首场试马箭。清初规定，考生驰马三次，发九箭，中靶两次为合格。乾隆二十五年（1760）改为驰马两次，发六箭，中三箭方为合格。武乡试第二场试步箭，清初规定距离八十步，后改为五十步，发九箭，中三箭为合格。乾隆二十五年改为发六箭，中二箭方为合格。第三场为内场，主要默写《武经》。

8—14 江南武乡试箭靶图

来源：EtienneZi(siu), PratiquedesexamensmilitariesenChine, Ch'engWenPub.Co., 1896

武乡试用箭靶以芦苇裹芦席为芯，外包红布。马箭用箭靶高约五尺，圆筒形状，直径约三尺。考试时，在跑马道旁设置三个箭靶，各距三十五步。步箭用箭靶为长方形，高五尺五寸，宽二尺五寸。此为江南武乡试所用箭靶图。

8—15 武乡试骑马射地球图（1）

来源：EtienneZi(siu), PratiquedesexamensmilitariesenChine, Ch'engWenPub.Co., 1896

8—16 武乡试骑马射地球图（2）

来源：EtienneZi(siu), PratiquedesexamensmilitariesenChine, Ch'engWenPub.Co., 1896

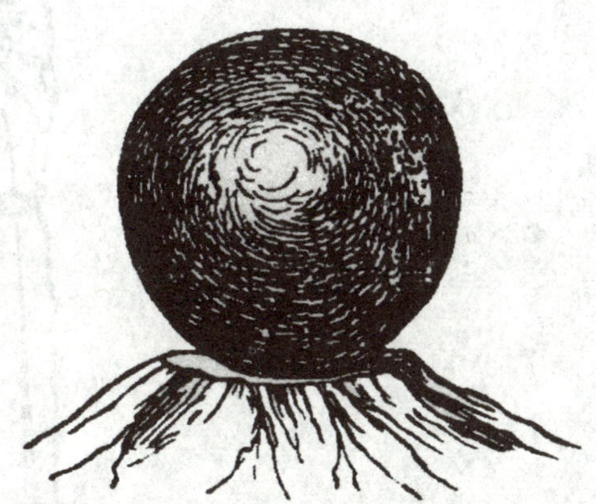

8—17 武乡试所用地球图

来源：EtienneZi(siu), PratiquedesexamensmilitariesenChine, Ch'engWenPub.Co., 1896

为对马箭合格者进行再次考查，自乾隆二十五年（1760）起规定，考生还需试骑马射地球一箭。地球形如斗状，直径约二尺，放置于离地一尺之土墩上。射中后，球要落在墩下，未落则视为不中。

8—18 武乡试考开出号弓图

来源：EtienneZi(siu), PratiquedesexamensmilitariesenChine, Ch'engWenPub.Co., 1896

武乡试马箭、步箭和骑马射地球均合格之后，还要考弓、刀、石三项。考试所用之弓有八力（十斤为一力）、十力、十二力之分，分别为三号、二号和头号三级，超过十二力为出号弓，考生可以增加二、三力，但以十五力为上限。考试时，要求开满三次方为合格。此为考生开出号弓图。

8—19 武乡试舞刀图

来源：EtienneZi(siu), PratiquedesexamensmilitariesenChine, Ch'engWenPub.Co., 1896

武科刀分头号八十斤，二号一百斤，三号一百二十斤三种。考试时，考生前后举刀舞花方为合格。此为江南武乡试考生舞刀图。

8—20 武科石

收藏者：南京中国科举博物馆

年　代：清代（1644—1911）

8—21 武举拿石照

来源：EtienneZi(siu), PratiquedesexamensmilitariesenChine, Ch’engWenPub.Co., 1896

武科考试所用武科石，是专为武科考试准备的长方体石块，两边各凿有可以供手指头抠住的凹孔，深度合手指曲弯的两节。考场备有头号三百斤，二号二百五十斤，三号二百斤三种。考试时，考生掇石需离地一尺高方为合格。此为清代武举人所用武科石和武举拿石照。

8—22 云南武乡试第三场试题

收藏者：南京中国科举博物馆

年　代：光绪元年（1875）

武乡试内场即第三场，清初试策论。乾隆二十四年（1759）改为试《武经》论一篇、策一篇。嘉庆十二年（1807）取消策论，只默写《武经》。内场考试非常容易，主考官从《武经》中选百余字的文章要求考生默写，凡是不会默写或乱涂写的则判为不合格。第三场在决定考生是否被录取过程中的作用很小。此为光绪元年乙亥恩科带补同治壬戌恩科云南武乡试第三场考题。

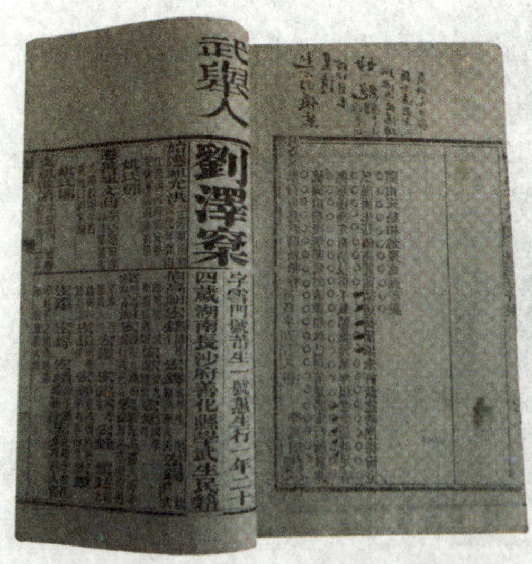

8—23 刘泽榕武乡试朱卷（1）

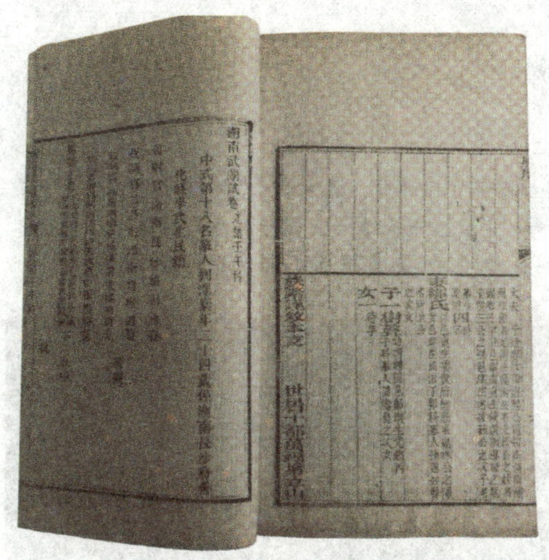

8—24 刘泽榕武乡试朱卷（2）

收藏者：湖南图书馆

年　代：清代（1644—1911）

此为湖南长沙府善化县武举人刘泽榕武乡试朱卷。

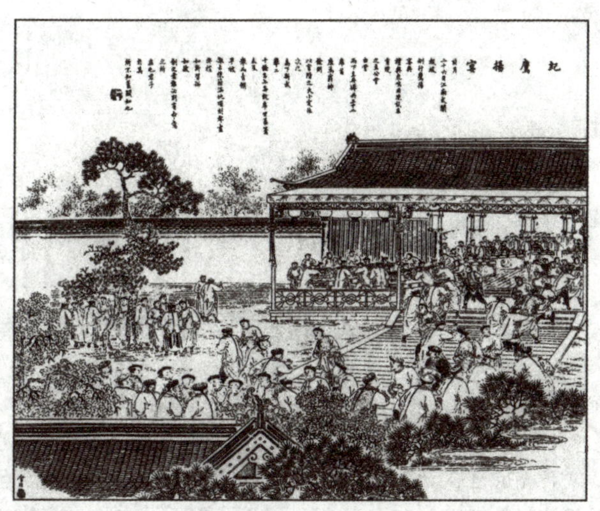

8—25 纪鹰扬宴图

来源：《点石斋画报》(已集)，点石斋石印馆，光绪十二年（1886）

武乡试发榜后，考官及新科武举人要参加“鹰扬宴”，此名取新科武举人威武如雄鹰飞扬之意。描绘江南武乡试场景，主考官、各级官员和新科武举人参加宴会的场景。宴会刚刚开始，四周的人就纷纷前来抢宴，弄得杯盘狼藉。

8—26 游祖望“武魁”匾

收藏者：北京励志堂科举匾额博物馆

年　代：乾隆五十七年（1792）

此匾上款为“大总裁兵部尚书都察院右都御史、福建浙江军务兼理粮饷盐课、署福建巡盐印务觉维伍拉纳”。下款为“中式二十六名举人游祖望立。乾隆壬子年孟冬月穀旦为”。此匾系武乡试主考官为乾隆五十七年中式第26名武举人游祖望立。

8—27 宴会盛仪图

来源：《点石斋画报》（辛集），点石斋石印馆，光绪十二年（1886）

武会试是在京师举行的由武举人参加的考试，录取者虽无贡士之称谓，然有资格参加当年举行的武殿试。武会试在乡试的第二年举行，各省武举人有资格参加。考试日期在九月，咸丰九年（1859）曾一度改为八月。武科会试之后的十日内举行武殿试，具体日期由兵部拟定以后奏请皇帝钦定。会试结束后，兵部宴请考试官员。此为宴请会试考官的场景。

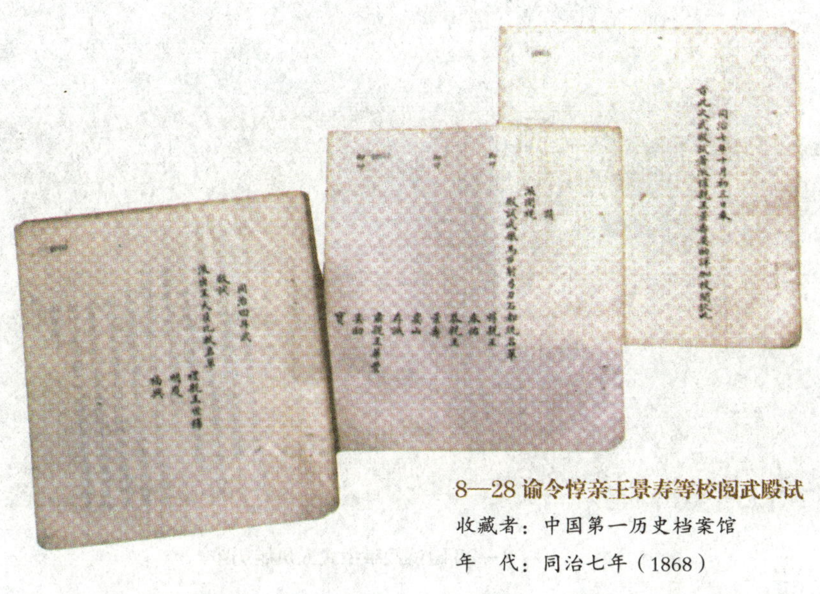

8—28 谕令惇亲王景寿等校阅武殿试

收藏者：中国第一历史档案馆

年　代：同治七年（1868）

武殿试是于京师举行的武科第三级考试，武会试中式举人均可应试。武殿试分内场与外场，殿试内场考官包括读卷大臣、监试官、受卷、弥封、收掌等官。从内阁、吏、户、礼、刑、工等部、都察院、通政使司、大理寺、翰林院、詹事府、都察院中钦点。此为同治七年十月初三日发布武殿试考官谕令。

8—29 武殿试内场考题

收藏者：中国第一历史档案馆

年　代：咸丰十一年（1861）

武殿试是武科考试中的最高一级考试。内场在保和殿进行。嘉庆朝改默写《武经》百余字。此为咸丰十一年武殿试考题。

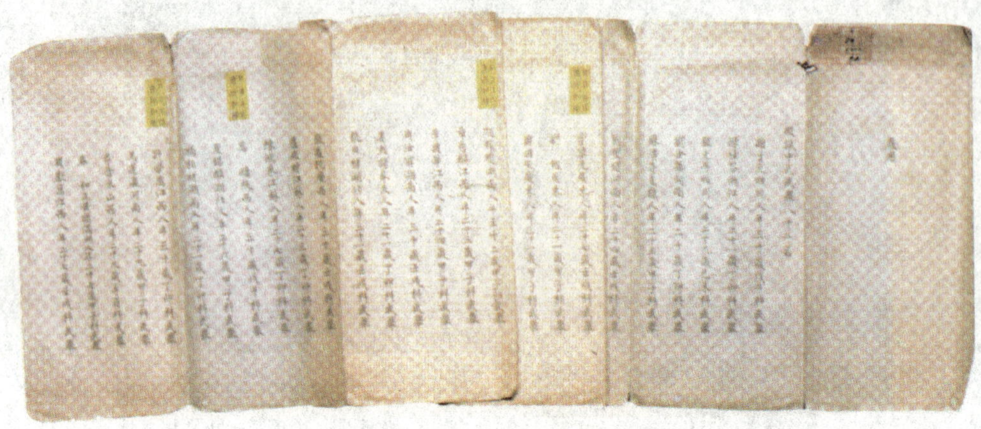

8—30 殿试武举中式人员履历单

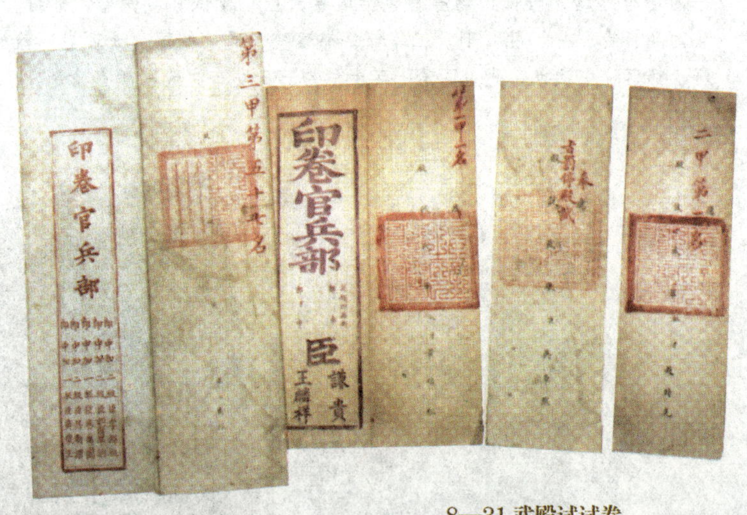

8—31 武殿试试卷

收藏者：中国第一历史档案馆

年　代：光绪六年（1880）

清代中期以后，武殿试内场多在十月一日举行。清初考试内容为时务策，皇帝升殿主持考试。嘉庆朝改为默写《武经》后，皇帝不升殿主持。殿试默写《武经》，顶格书写，不需要再抄写题目，否则与错误潦草者一样，名次不能排在前列。如果完全默写不出来，则要被淘汰。此为清代武殿试试卷。

8—32 武殿试外场考试图

来源：A.Raquez, Aupaysdespagodes: notesdevoyage: Hongkong, Macao, Shanghai, LeHoupé, Le-Hounan, LeKouei—Tcheou, 1900

武殿试外场在西苑门外中南海紫光阁进行。考试前，先由皇子骑射作示范。考试分两日进行，前一日试马箭、步箭，后一日试弓、刀、石。武殿试时，对外场考试成绩均有明确的记载，以此作为确定殿试进士名次的主要依据。此为武进士外场考试图。

8—33 武科大金榜

收藏者：中国第一历史档案馆

年　代：光绪三年（1877）

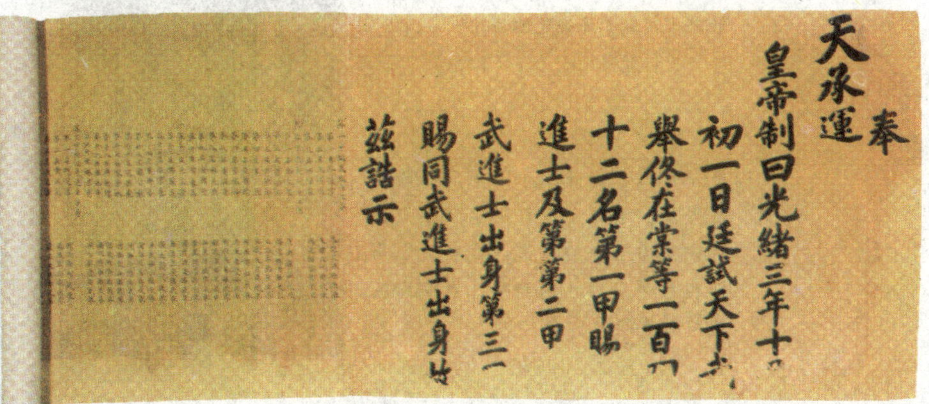

奉天承運
皇帝制曰光緒三年十
初一日廷試天下武
舉佟在棠等一百
十二名第一甲賜
進士及第第二甲
武進士出身第三
賜同武進士出身
茲誥示

8—34 武科小金榜

收藏者：中国第一历史档案馆

年　代：光绪二十一年（1895）

武殿试一甲三名，赐武进士及第；二甲若干名赐武进士出身；三甲若干名赐同武进士出身。武殿试后，公布录取名单亦照文科例写为大小金榜。

8—35 李威光“状元及第”匾

收藏者：湖南省开元博物馆

年　代：乾隆三十七年（1772）

李威光（1735—1795），广东五华县人。乾隆三十七年应壬辰科武殿试，名列一甲第一名，钦点武状元，为唯一的客家人武状元。历任台湾平安协水师副将、署海坛南澳总兵等职。

8—36 黄仁勇“状元及第”匾

收藏者：湖南省开元博物馆

年　代：嘉庆元年（1796）

黄仁勇（1768—1817），广东海阳县人。嘉庆元年应丙辰科武殿试，名列一甲第一名，为武状元。历任兵部头等侍卫、福建金门镇中军游击等职。

8—37 周自超“探花及第”牌

收藏者：北京励志堂科举匾额博物馆

年　代：乾隆五十八年（1793）

周自超，福建永春人。乾隆五十八年癸丑科武会试名列第九名，武殿试名列一甲第三名，钦点为探花。

8—38“武进士”匾

收藏者：湖南省开元博物馆

年　代：光绪三十四年（1908）

此匾上款为“赐进士出身、翰林院编修、太子太保、授军机大臣、体仁阁大学士、总督湖广等处地方、兼巡抚事、奉旨督办川汉铁路、加纪录十次张之洞为”。下款为“□道陈元涌立，皇清光绪三十四年在戊申冬月穀旦”。

后　记

从2008年起，按照所在工作单位岳麓书院的安排，由我来负责中国书院博物馆展陈内容的策划工作。为了完成这项光荣而又极为艰巨的任务，我这个博物馆学的门外汉一方面恶补博物馆陈列方面的理论知识，另一方面又前往全国各地参观各类博物馆。这不但让我对于博物馆展陈有了一定的了解，而且参观文物的这种“阅读”方式帮我解开了不少平时读文献时留下的疑惑，甚至还让我能够还原一些单凭阅读文献难以理解的历史细节。由此，我有了搜集文物图片来弥补科举文献记载之不足的念头。

而我真正开始搜集科举图片大概始于2010年初。当时，著名的经学家姜广辉教授承担了一项国家级的委托项目，清代科举史是该项目的主要研究内容之一，研究成果形式要求以图为主，以文为辅，图文互相补充。由于岳麓书院只有我主要从事科举研究，他希望我能承担这一部分内容的研究工作。面对姜老师的热切期待，加上当时项目委托单位也承诺他们建设的图片数据库能提供项目所需的大部分图片，不需要研究者自己花太多力气去搜集，因此我也就贸然答应下来了。

然而，着手进行项目研究之后，我发现与当初的预期有相当大的差距，项目委托方数据库中的清代科举图片相当少，根本无法满足项目研究的需要。在这样的情况下，我只好自己通过各种途径搜集科举图片，但是所搜集的图片无论是从分辨率还是容量大小来说，都无法达到项目委托方的要求。当我们把情况反映给项目委托方以后，他们同意我们的要求，即对于一些项目内容呈现所必需的图片，由我们提供来源线索，然后再由他们联系图片的所有者索取使用权，或者购买所有权。这一障碍扫除之后，我们在项目委托单位规定的时间内提交了最终成果，并且顺利地通过专家组评审。

尽管是比较圆满地结项了，但是我总感到这个项目没有真正做完，还有太多的遗憾。之后，我花费更多的时间和精力，更大范围地寻找科举老照片、图片。在这一过程中，我确实得到了太多人的帮助，教育部考试中心原主任杨学为先生把他耗费多年心血前往各地拍摄的几千张科举照片全部刻成光盘送给我，让我无偿使用。我的博士导师、厦门大学刘海峰教授也提供了部分照片。之后，上海中国科举博物馆、中国书院博物馆、天津教育招生考试院、北京励志堂科举匾额博物馆、湖南开元博物馆、南京中国科举博物馆（在建）也将其珍藏的部分文物图片交给我，让我在相对短的时间内获得了上万张科举图片。

到2012年底，我根据这些年学习清代科举史的心得，结合所占有的图片的实际情况，尝试通过准确解读这些科举图片，并配以准确、简洁的文字说明，以图为主，图文并茂的形式来连缀起清代科举史，经过半年的反复修改，终于编成了这本小册子。

在即将付梓时，我要对姜广辉教授、杨学为先生和刘海峰教授表示衷心的感谢，对提供图片的单位领导表示诚挚的谢意和敬意。正是他们的帮助才让我比较快地实现了占有大量图片的愿望，并且完成了这本书的编写。

本书被列入朱汉民教授主编的岳麓书院国学文库，得到了岳麓书院国学研究与传播中心的资助，再次对朱汉民教授和岳麓书院国学研究与传播中心表示谢意。

岳麓书社的许静老师作为本书的编辑，为本书的编校付出了艰辛的劳动，在此对她表示感谢。

湖南大学法学院的袁建辉老师在图片搜集、整理，以及书稿的编写过程中，付出很多时间和精力，因此本书是我和袁建辉老师的合作成果。

以图说史是历代史家的追求，南宋史学家郑樵在《通志》中即说："图谱之学，学术之大者。"本书只是以图说科举史的一个阶段性成果，我希望作为一块丑"砖"，能引出《科举图志》或者《科举图谱》这样的"美玉"来，这是我热切期待的。

因本人才疏学浅，加之限于图片搜集的特殊性，书中的错漏难免，敬请方家、读者指正。

李　兵

2015 年 7 月于岳麓书院胜利斋

图书在版编目(CIP)数据

清代科举图鉴/李兵,袁建辉著. —长沙:岳麓书社,2015.11
(2024.9 重印)
ISBN 978-7-5538-0457-6

Ⅰ.①清... Ⅱ.①李...②袁... Ⅲ.①科举制度—史料—中国—清代 Ⅳ.①D691.3

中国版本图书馆 CIP 数据核字(2015)第 236748 号

QINGDAI KEJU TUJIAN

清代科举图鉴

作　　者:李　兵　袁建辉
责任编辑:马美著
责任校对:舒　舍
封面设计:谢　颖

岳麓书社出版发行
地址:湖南省长沙市爱民路 47 号
直销电话:0731—88804152　88885616
邮编:410006
岳麓书社网址:www.yueluhistory.com
岳麓书社天猫网:http://lzfts.tmall.com

2015 年 11 月第 1 版　　2024 年 9 月第 2 次印刷
开本:710×1000　1/16
印张:14.5
字数:200 千字
印数:1—2 300
ISBN 978-7-5538-0457-6/D·16
定价:78.00 元

承印:唐山楠萍印务有限公司

如有印装质量问题,请与本社印务部联系
电话:0731—88884129